大展好書 好書大展

大展好書 好書大展

社會人智囊

36

積極生活創幸福

田中真澄／著
陳蒼杰／譯

大展出版社有限公司

序言

本書『積極生活創幸福』暢銷已達十年之久，是我三十餘冊著作中，生命力最強的一本。

為何這本書會如此暢銷呢？

那是因為在我們內心所潛藏的「積極生活」的人類根本欲求，恰好與本書所訴求的精神不謀而合。

人類本來的面貌都可以在嬰兒可愛的動作中發現。只要觀察天真無邪，對任何事都感興趣，對任何東西都想伸手去抓的嬰兒，就不難發現，其實人類本擁有無限積極開朗的特性。

然而當嬰兒慢慢長大成人以後，在社會的種種規範下，往往被迫過著受限的生活。在其成長的過程中，與生俱來的積極性會逐漸被削弱，這正是一般人的成長歷程。

但是不論社會中的制約多寡，想積極生活的人類特性是不可能完全消失的。此由非常時期，人類所表現的行為就可證實。

其最具代表性的事例爲突發的阪神大地震。遭嚴重打擊的受害者，並沒有怨天尤人，反而克服悲傷，努力重建家園。看到這些受害者的態度，會令人為人類生命力的偉大而感動得落淚。

當人類處於極限的狀態時，對一切的制約將毫不在乎，而發揮潛在的積極性。關於此點我們不可忽略。平常應努力發揮人類的特質，以期改變自己的生活態度。

本書提供生活消極的人們，如何學會積極的生活，和使人生過得更充實的種種具體方法。

其實，在著手撰寫此書時，我已辭去服務達二十多年的日本經濟新聞社的工作，而成為獨立的社會教育家，處於經濟非常不安定的狀況中。

我刻意放棄在過去的社會中，經濟條件算是相當優惠的工作，唯一的依賴乃是支持我實現新的社會教育，自助、自立過後半人生的人們。

可是坦白地說，對於長期為上班族的我而言，在完全無金錢收入的保障下，要邁入自營人生的感覺是很恐怖的。剛起步時，對於僅有的積蓄逐漸減少，又要照顧一家四口的狀況下，懷疑自己是否真能實現理想，為此幾度煩惱到睡不好覺。

辭去工作後，我選擇喚起人們提高工作意願的演講，也就是專門進行激勵性質演講的社會教育家之路。當聽過我演講的人們，產生「好，我應更奮發圖強、積極生活！」的意願時，我演講的目的就已達成。考慮到這點，不難發現，這項工作其實附帶非常嚴厲的條件。

當時的我不知是幸或不幸，只知若無強烈的意願就無法生活。因此，唯有自己鼓勵自己，才能成為激勵他人的動力。

我認為自己應親身實踐演講所說的內容，並積極地生活，並將生活的體驗與心得，融入演講的內容中。

今後，我將更熱誠去執行每日的工作。為了讓他人能了解我的生活態度，不管會場的聽眾多寡，我都將全力以赴地傳播生活體驗。

至今，仍讓我記憶猶新的是一場剛獨立後的演講會。那是在東京都某社教館舉行的，聽衆不到十五人。演講結束後，館長對我說：「我第一次看到演講者講得滿頭大汗，您的精神真是令人感動。以後我一定會予以支援。」其後，他果真成為我的支持者，數次替我安排演講。

由於演講次數的增加，逐漸產生許多支持者，正因這些人的幫忙，才使我的工作機會得以擴展。我透過積極地生活，學習到若能認真去做所被賦予的工作，在這世界上必會出現支持者。

累積許多寶貴的經驗後，我開始著手撰寫此書。其內的每一頁都是我全力投入工作的成果。

因欲將此書編為叢書之故，我又反覆看了幾次，覺得每一次閱讀都是再一次的激勵。當時努力生活的積極態度，實已完全表現在文中。

由於這本書的時代背景較早，故重新訂正內容時，則比照目前之基準將數據資料全部改過，但是在內容方面則儘量保留原貌，以期更坦白地傳達我的『積極生活創幸福』一書中的態度。

我以積極的態度所寫成的這本書，相信必對認真生活的人有所幫助。

對於日夜處於競爭激烈的環境中，不知如何掌握事業的經營者；或是對後半人生感到無助，不知如何生活的中老年人；或是對想表現自我，但不知如何處理衝動之心情的年輕人，或是對煩惱孩子的教育問題，摸索自己未來的主婦等，本書多少可做為參考。

為了加以證明，我親自實踐本書所介紹的生活方式。在十六年期間，我並無隸屬任何組織，也沒有得到任何薪俸，但確實按自我擬定的目標生活，並且活得更有自信。

對於PHP研究所第一出版部的金田幸康先生致力促使本書列爲叢書之付出，在此深表謝意。

還有，萬分感謝同意將此書叢書化的 Pulse 出版社社長地主浩侍先生。

另外，PHP叢書中還有個人的二本拙著『人生的勝負在後半期！』、及『內心迷惘時所閱讀的書』。這二本也都是暢銷書，可一併閱讀。

最後，在此感謝全國經常參加我的演講會的熱心支持者。

田中　真澄

前言(舊版)

目前許多日本人都希望交遊廣闊。不僅期望在服務單位的人際關係良好,更渴望與世界各國的人士交往。

基於個人的職業性質,公家機關、企業組織、各類團體或上班族的私人讀書會等,經常邀請我去演講。那時,我深深地感受到,「大家都渴望能有談心的夥伴」。

但仔細想想就會發現,若想獲得知己,本身必須成為受他人信賴的人,否則別人不可能與您交心。

「生活態度會影響他人」。的確,人類的魅力源自於自我生活態度的認真程度。

曾經在相撲界擁有相當高知名度的橫綱隆之里,雖被稱為怪人,但他幾度克服重症,全心全意欲達橫綱之境。

任何人都希望能成為有魅力的人。但是否曾具體思考應如何達成，或只是渾渾噩噩的過日子而已。

在本書中，我坦白表達個人的體驗，藉以說明應如何安排生活，及如何朝目標努力的方法。希望各位讀者能從本書中獲得一些啟示，進而改善自己的生活和擴展人際關係。

其實，本書的內容是四年期間在『機械與住宅』（湯淺商事發行）雜誌所投的稿，加以編纂而成。起初，先將二年份的稿子編成『人生技藝入門』一書，但並沒有在市面上出售，只在我的演講會場上出售，結果各方評論出乎想像地好。

其後，有許多人要求在各地出售，所以與湯淺商事商量後，決定再加入二年份，重新編輯而成此書。

編輯過程承蒙 Pulse 出版社社長地主浩侍先生相當大的支援，在此由衷感謝。

最後，對於肯四年刊載拙文的『機械與住宅』雜誌的發行公司湯淺商事，致上最高的謝意。

田中　真澄

一九八三年十一月吉日

目錄

第二章　幸福人生

第三章　開朗地生活

第四章　美善的生活

第五章　感動的人生

第六章　正直的生活

第七章　挑戰性的生活

第八章　拓展人際的生活

第九章　在商業界的生活

第一章
積極的生活

「到底需要什麼？唯有明確地決定，才是人生的第一步。只要擁有強烈的願望，凡事必能實現。」

（拿破崙・希爾）

每天必須在心中描繪自己所希望扮演的角色。

1 積極的生活——擁有強烈的願望

健康是我們的第一願望。由於如此，運動行業日趨興盛。同時，各種運動器材也非常暢銷。有人預測將來醫療領域會是最大的成長產業，其成長金額高達十兆日圓。這乃是人們對健康異常熱衷所帶來的現象。

多數的人都知只要強化自己的身體機能，就能維持身體健康，但其實精神層面才是健康的基本。連不治之症的癌，也與精神有密切的關係。由於近年來精神醫學的發達，兩者間的關係已逐漸明確化。

癌症的精神療法權威，芝加哥大學心理學博士魯希安先生曾說：「持續追求以達成自我的人，雖然暫時遭受頓挫，但由於其擁有強烈充實自我生活的希望，故能抵抗癌的入侵。」

另外還有一項調查也可說明。即老人問題研究家杉村春三先生曾請益過幾位百歲以上的人瑞，結果發現有許多共通點。其一就是這些長壽者都擁有積極的心態，即使處於貧困的生活環境，也樂觀積極地生活。

因此，我們可以發現，積極的心態與健康有相當密切的關連。

為何保持積極的心態是如此地重要呢？

第一，我們應擁有自己的想法且設定目標。就是每日必須在心中描繪自己所希望扮演的角色。從紀元前曾流傳一句話：「人會逐漸成為自己所希望的人物」。這正表示設定目標之威力的強大。

為因應鋼鐵王卡內基的要求，二十年來戮力研究世界成功者的拿破崙•希爾，在他的著作『成功哲學』（產能大學出版部）的第一階段寫著「到底需要什麼？唯有明確地決定，才是人生的第一步。只要擁有強烈的願望，凡事必能實現」。其實，古今中外的人士皆能意識到有目標地生活的重要性。

第二，機敏地活動身體才能培養積極的心態。為此，早起是第一步驟。早起自然能提高工作意願。「好！今日我一定要盡力奮鬥！」有此決心自然能產生一日的活力。基於六比四的法則而言，早起者的工作效率確實比晚起者高出百分之五十。以現代模式來說，此正表示「早起者可多收入三億日圓」。

繼早起的第二項目就是快步走。快步走能使全身充滿活力與幹勁。據說一秒走二步，一分鐘走一二〇步是產生活力的最佳步調。無論在醫院或是餐廳，只要看到員工快速且機敏地工作，就會令人覺得生氣蓬勃。

第三，時間管理。雖有設定目標，且動作機敏迅速，但若無妥善安排時間，則效果就會減半。每人每天都擁有相同的二十四小時，那麼善用時間的技巧究竟何在？

巴萊多法則是有效利用時間的方法。經過多數人證實，這方法確實有效。其方法是在就寢前將翌日要做的事全部寫在備忘紙上。而後再將所寫項目排列優先順序。排列順序非常重要。隔日再依此順序處理事情。但是有些日子，工作可能無法做完，可是不必為此過於擔心。巴萊多說：

「當日要做的事，只要將優先要做的百分之二十的事做完，就表示已做完百分之八十當日所要做的事。」

此告訴我們，凡事應由重要的事開始處理，如此就不會遺漏重要的工作，也不會有要緊的事忘了做完。

以上即是擁有積極的心態的三個要點。或許大家已非常清楚，但最重要的是必須持之以恆。知與行乃天壤之別，唯有身體力行才有收穫。

2 自我實現——能否擁有「大將之風」

生活方式有巧拙之分。這與財產、學歷、地位無關。不論在任何環境，要想快樂地過日子就必須懂得其要領。

以宏觀性的眼光來看，日本是個豐裕的國家。但與先進國家比較起來，生活水平並不高。若評估一切事物都依金錢價值或一元化的能力觀（例如偏差值或學歷）來判斷，則無法了解生活原有的樂趣。

與往常一樣，受歡迎的企業機構之求才甄試，往往吸引許多優秀的畢業學子。現在的學生常受到大眾媒體的影響，往往依報章雜誌、電視媒體等報導來評斷一家公司的好壞。這是我在研討會上，對受歡迎的機構之新進職員的評斷。

「各位的父輩們由學校畢業踏入社會的年代大約是一九六五年左右。在三十年前，最受歡迎的職業莫過於鋼鐵業、造船業等重工業。可是令人遺憾的是，這些產業目前皆已式微。有鑑於此，當三十年後各位達退休年齡時，現在頗受歡迎的企業是否還能維持熱門的狀況？

在日本，並沒有一家企業團體能夠三十年都持續受歡迎。這正說明各位都刻意選擇將來一定會不景氣的行業。」

上述的觀念並非只有我個人強調，即使公司的高級階層或是上司也都如此認同。甚至有些新進人員，在進入公司不久就產生「好像不對勁」的後悔感。

現在年輕人常依社會的評價來做為價值判斷的基準。而忽略培養自我實現、選擇工作行業的眼光。只要我們能從事自己喜歡的工作，即使不是大企業，也會從中產生充實的生存感。通常愈優秀的學生，愈不能體會這種感覺。他們住往錯覺自己的評價基準與社會是相同的。當發現與現實有所差距時，才開始為錯誤的人生選擇而煩惱。

現今這個年代，並非只配合社會的評價就可以決定自己的出路，我們應該了解自己所擅長的領域，朝自我實現的目標生活才有意義。

評論家古谷綱武曾說過一句讓我印象非常深刻的話。

他說：「看到現在的年輕人就不由得感慨萬千。我常發現一些地位高且非常有成就的人，他們總在無意間會說出『其實我並不想當這樣的社長，我一直希望自己能成為一位學者，研究學問』或是『其實我本想當一位畫家』。起初我以為那些人是為了安慰他人才說出這些話的，但仔細觀察後才發現那其實是他們強烈的慾望。」

這個現象可能是許多順從他人意見，而選擇自己的人生者的共同心聲。由於如此，當日本社會慢慢走向富裕康莊的道路後，這些想重新出發，而毅然決然改變自己的人生者，反而會得到比較溫馨且正面的評價。

十六年前，我毅然辭去服務達二十多年的日本經濟新聞社的工作，當時，給我最大鼓勵的都是超過五十歲的前輩們。

在這個世界上，中老年人逐漸增加，以往的人們並不如現在可以自由地選擇職業。由於如此，為了退休後的生活，我們應該努力朝向自我實現之路。

我個人主張男人一定要有「大將之風」，即有當自營業老闆的慾望。因為觀察了幾位百歲以上長壽者的經歷，其中有百分之九十五都有過自己創業的經驗。因此，若終身只能當上班族的人，退休後生活將喪失活力。

前京都銀行顧問高木正先生在八十三歲時曾說，他從五十八歲開始研究日本史，二十四年期間，依雙腳四處蒐集各地史事，並辦過一千五百次的演講，希望向二千次的記錄挑戰。這正是「六十歲才開始學習」，自我實現的最佳證例，值得我們效法。

自殺學專家，加州大學的伊賀衛博士曾指出：「開發自己的潛在能力，才是人生的目的，終身努力的目標。」

3 努力地工作——勤勉、正直、感謝的實行

武田鐵矢先生曾寫過一首詩歌『獻給母親的敍事詩』，我個人特別喜歡其中的一段。

「鐵矢，母親告訴你一件事，
踏入社會後，
要工作、工作、工作、鐵矢。
工作、工作、繼續工作，
當你有想休息，想貪玩的念頭時，
你將步入死亡的途徑。
想成為人，成為真正的男人，
就必須在大都會裡努力地工作，不要認輸。
有朝一日將成爲日本一顆閃亮的明星、榮耀回故里。」

十六年前，我放棄上班族的生活，決意投入自由業的世界時，每次聽到這首歌，就暗自

鼓勵自己。但是我常聽見他人說，若從事自由業，就可隨心所欲地生活了。

其實，這是很大的誤解。自由業的生活是沒有保障的，在精神層面上幾乎整年無休，且一日二十四小時都必須處於工作的環境中，一切責任都要自己扛。而且必須以顧客為中心，信用是唯一的依賴，所以除了拼命工作、工作以外，別無他途。通常由上班族的狀況一下子要轉為獨立自主的生活型態，會無法適應的原因，多半在於事前不瞭解自由業的辛苦。

我在這十六年當中，曾參加過許多次訓練推銷員的研習會。唯一的發現是，若您喜歡您的工作時，就會獲得良好的成績。

前東大教授、且是世界聞名的地球物理學者竹內均先生，目前擔任『牛頓』科學雜誌的總編輯，在出版界相當活躍。他辭去教職後，曾寫過一本書叫『修身之書』（講談社出版）。書中他這麼說過：

「我只是一個拼命實行勤勉、正直、感謝的凡人。透過長期實行勤勉、正直、感謝、及擔任自然科學研究者的生活中，我獲得一種心得。那就是努力實踐勤勉、正直、感謝，必可獲得良好的結果，若毫不實行，則將招致不良的後果。這與自然科學領域的自然法則一樣，皆有因果循環的定理。」

由竹內先生的一番話可以發現，假定某人退休後再從事推銷行業或自己做生意，那麼確實可以實踐修身的基本——勤勉、正直、感謝，如此在與他人競爭時必定佔優勢，且能如願以償地達成既定的目標。

前些日子，我在一家技術服務公司的中級員工研習會上表示，「今後的公司對顧客和交易對象必須擁有二十四小時的服務精神。所以在各位的名片上都應該印上緊急連絡處和自宅的電話號碼」。然而有部份的員工抗議我的想法，認為這麼做簡直公私不分。

當時，席上有位員工，其家中是經營十七年以上的大阪老店。他說，

「我家店舖經營的原則是，只要有顧客前來訂貨或是申訴，不管在星期日、節日或是深夜，我們都會馬上處理。我個人認為工作的態度本應如此。因此對剛剛所提到的內容，覺得是極其當然之事。」聽了這些話後，適才提出反對意見的人都沈默不語。

此時，我切身體會到上班族與自營業者的差距。

令人遺憾的是，現今的上班族多已喪失自立的精神，逐漸養成強烈的依賴性。完全期待薪水與獎金的分發，少有人會為工作而全力貢獻。另外，傳播媒體也過度彰顯認真工作的壞影響，致使良好的社會風氣為之轉變。

在今後低成長的時代裡，企業競爭的勝負將取決於服務品質的優劣。若為顧客服務，誠心、誠意努力工作的員工少的話，將喪失與他人競爭的籌碼。為此，我們應自覺自己的使命，擁有對每日的工作全力以赴的熱誠與行動。

4 自助力——培養自立的精神

東京某市場調查公司曾經刊載過如下的廣告：「高中以上，無經驗可，年齡在六十五歲以下，職務為特約人員」。前往面試者多為西裝筆挺的人士，公司員工看到某些人的履歷表，顯得十分吃驚。

「留學MIT。曾於美國國務院擔任援助問題的調查分析師。」

「前Y經濟研究所的企劃經理。」

「A保全公司前董事長、B公司顧問。」

「N專家集團前教育研習者。」

他們皆為有地位的人士，令面談負責人感到相當畏懼。

由這件事實可以發現，社會上有許多能力極為優秀的人才，隨著「退休」將完全被社會所拋棄。

為此，不由得令人同情這些已屆六十，卻仍需謀職，受雇於他人的上班族前輩們的過去。

有鑑於此，現在的上班族或經營者不能再走同樣的道路了。為了自己的晚年設想，從現在開始就應該鍛鍊自己的能力，培養自立的精神。

我曾提出人生應區分為如下的模式：

①未就學的孩提時代（六歲之前的性格形成期）。

②就學時代（從小學至大學的求學時期）。

③就業時代（上班至退休的職員時期）。

④自立時代（由獨立至死亡的自立時期）。

許多上班族認為，在就業的時代若能一帆風順，人生就沒有什麼太大的遺憾了。的確，在平均壽命未滿五十歲的戰前時代，這種想法確實無誤。但現代的人多半可活八、九十歲，所以就業時期不過是人生的一段過程而已，一個人一生的成敗關鍵，乃在於不領薪的自立時期，也就是依本身的能力去競爭的獨立時期。

目前，以勞動部為首，已宣導各企業團體延長退休年限。但以未來二十年的情況來看，頂多也只能延長到六十五歲。

若是退休後賦閒在家，真能忍受生活失去重心且孤獨的生活嗎？至我們死亡為止，都能一直處於工作的狀態才是最大的幸福，終身工作的時代已經來臨，能夠持續自己喜歡的工作才是大家的期望。

既然如此，我們應該在就業時代就培養自助能力。據說山本五十六的座名銘是「Self-help is the best help」（自助就是最好的幫助）。明治時期的人，泰半擁有充沛的自助精神。因此當時全國人才輩出。

放眼看目前日本的狀況，無論是在國際上、國內或是個人方面，雖現象大有差距，可是在精神層面上與明治維新時期是相同的，都需要擁有超越新時代的能量。以世界洪流的觀點來看現今日本的地位，是超越明治時期的。不僅取代曾經支配七大洋的英國，也逐漸取代領導戰後世界的美國，在國際上發揮指導力的時代已指日可待。

或許真正能了解這種時代感覺的人很少。我經常至全國各地演講，切身感覺到多數的日本人還是生活在狹隘的自我概念中。由某個角度來看，目前的日本社會正是許多依賴他人類型的人聚集在一起的狀況。

今後，國人應該要有加以掌握自己的生活方式與世界動向之關連性的視野才行。達此目的的第一步驟是，從事能貢獻社會，且自己能感受到工作喜悅的工作。此有助於培養自助能力。

當人依自己的雙足站立，而擁有自己的房屋和家庭時，會產生莫大的喜悅感。從今以後應該確立自己的工作，以培養自立的精神。

人類真正的魅力來自於有自助力，及持續追求提升自助力的生活態度。雖隨年齡增長會使我們老化，但我們也應該隨著年長而快樂地過著自我實現的生活，如此人生才有意義。

5 船到橋頭自然直！——大樂觀、小悲觀主義

據說人類所擔心的事情，百分之八十是不可能實現的。雖然如此，平日我們所擔心的事仍是層出不窮。

前些日子，我參加千代田區一個青年團體的聚會，與許多二十幾歲的年輕人交談。有個女性表示其對自己的老年感到十分不安，問我年老後應如何生活？我見她的表情十分認真，再環視大家似乎也與她一樣關心，這才發現，現在的年輕人實在擔心得太遠了。

賈爾柏•瑞斯所著的『不確定的時代』非常暢銷，這可說是書名與人們的不安感切合所致。確實，多數的日本人都希望生活能夠穩定有保障。

可是，世界的局勢本來就是不穩定的。誰也無法預測木曾的御嶽山何時會爆發，每日的氣象報告也不可能完全正確。且不只是自然現象如此。連經濟預測，即使是聞名世界的經濟學者所說的預言也不可能完全切中。

我認為這也無妨。因為人生的一切本就混沌未明，如果每件事都如相士所言，那麼人間

就無夢與希望了。所以我覺得只要將眼光放遠，充實地過每一刻，這就是最大的幸福了。

小時候，常聽到有關機智聰穎的一休和尚的故事，他死於一四八一年，是享年八十七歲的名僧。據說，在其生前長期遠行時，都會留下封好的書信給他的弟子，交待他們若遇到無法解決的事時始可拆封。

而後果真面臨問題，且弟子們不知所措時便拆封觀之，據說其內容只有一行字、「不必擔心，船到橋頭自然直」。

由於這故事是我由他人那裡聽來的，所以不知其真偽，但以一休和尚禪學造詣如此高深的情況來看，極有可能說出如此豁達的語句。

還有，看一個人如何解釋「船到橋頭自然直」的方式，就可瞭解該人的生活態度。懂得現實生活的可貴，凡事甘之如飴的人們往往會異口同聲地回答：只要認真生活，一切都有辦法解決。他們對將來的事並不會太擔心，只是盡情地生活。

但是許多人仍有潛在的不安感，害怕為外在的條件所左右。尤其是一直處於公司組織的中老年人，當面臨必須自立的情況時，難免倍感孤立、神經衰弱而不安。

其實人生百態，凡事本不應過於擔心。只要每日認真地生活，總有人適時地助您一臂之力。

松下幸之助先生一向主張「大樂觀的小悲觀」主義。他認為明白日本本來就是一個國運強盛的國家，正是待人處世的大前提。

東京大學的上山春平先生曾指出，由日本的歷史可看出，每一二〇〇年就會產生一段文明鼎盛的時期。西元九〇〇年是維繫古日本奈良，平安王朝的巔峰時期，也是廢止遣唐使的時期。而自西元九〇〇年後的第一二〇〇年正是二一〇〇年。一九八〇年相當於到達巔峰的九合之處的發動時間。以此觀點來看，現今的日本人應該慶幸能活在這個年代，所以在此時期，只要全力以赴，努力生活，自然會四處逢源。

但是一般大衆傳播媒體都偏向悲觀主義。社會版的多半報導不良的層面，其實新聞都是具有稀少價值的，由於壞事比好事來得少，才會引起人們關注。正如倒閉事件比創業事件更容易成為新聞一樣。

在這世界上本來就是邪不勝正。唯有正義才是常道而且亙古不變。今日認真地生活，明日亦是如此。

生活中一定會有許多令人擔心的事。所以，我們應該擁有更樂觀的想法。

6 自費——積極地自我投資

十六年前，我辭去日本經濟新聞社的工作，成為一位社會教育家，主要的工作乃是從事鼓勵人心的演講和寫作。

剛開始時，只想專心寫作。但想不到演講之後，就挪不出自己的時間了。

為何會如此？答案很簡單。因為想獲得資訊的團體激增所致，大企業機構自不用說，由中小企業的經營者至私人企業負責人、上班族、主婦、女職員等，大家都希望能再進修。他們邀請專家前來演講，在會場大家熱烈交換心得，以期能掌握世界的動態。由於這些活動多半自費舉行，因此參與者的質問往往針針見血。

最近，我在演講時，一眼可見聽衆是否需要自費入場。其分辨的要訣在最前排的聽衆。如果需自費入場，前排必擠滿人。免費則相反。由此可見自費者心態之不同。

若是自費的演講場合，我會與前排的聽衆熱烈討論，儘量親近他們。交談之中，我發現他們每個人都很積極，且有旺盛的學習慾。雖個人工作領域不同，卻都勤奮能幹，為人謙虛有禮，開朗上進。

這個現象告訴我們，若想搜集資訊就必須自費且積極主動地去爭取。以前我在日經工作時，曾做過針對經營管理階層的資訊接觸度調查。令我印象深刻的是，發現愈是忙碌的第一線經營者，愈肯主動自費搜集資訊。他們擅長利用國外的報紙、雜誌及目前流行的週刊新聞報導等，平時努力建立良善的資訊網。

更令人吃驚的是，他們總是頻繁接觸其他行業的人士。

透過這些體驗，他們非常清楚搜集資訊需耗費多少費用。通常其標準是年收入的百分之五～七。所謂年收入是個人一整年的銷售金額。亦即百分之五的銷售額正是企業研究開發費的投資比率。

為了維持組織的發展，一家公司必須長期持續新的開發。同樣的道理，人要維持個體，使精神層面能持續地成長，對自我的投資則不可漠視。但在社會上卻有許多人的年資給付或薪水逐年增加，可是態度卻反而消極，而忽略對自我的投資。

根據工商會中央金庫所做的「中老年齡者雇用狀況調查」中發現，許多經營者列舉裁員中老年者的理由之一是「缺乏積極性」。

經營者之所以提出此項理由，在於日本的中老年者往往不肯為自我的成長做投資，以致於無法對應多變社會下的工作環境。

今後的中老年人必須與年輕人競爭。以往年紀愈大，價值感愈大的社會感，即尊重老人的敬老精神，恐怕將逐漸改變為輕老的精神。在先進國中的美國、法國等，捨棄年老雙親的現象日漸增加。在日本，自不容許此社會現象。可由另一個角度觀之，中老年人也不可一味地依賴兒女或社會，而必須抱持著活到老學到老的終身服務的心態，努力搜集資訊，掌握機會。在此建議三項自費掌握資訊的條件：

①儘量參加公司以外所舉辦的進修會，以增加與他行人士接觸的機會。

②主動建立與心目中想接觸的對象交換資訊的管道。

③報紙或雜誌中有各種聚會的預告。有勇氣下定決心參加自己有興趣的聚會，並製造與講師接觸的機會。

在目前這個資訊社會中，倘若自己本身沒有實力，別人將不會重視您。只靠他人吸收知識，是無法成為有魅力的人。平常應透過自己的工作與生活，培養自己的能力，以成為提供有益的資訊予他人的人。

為此，平時應擁有自我投資的價值觀。以養成不為年老所動的實力。

7 服務社會——不忘奉獻的價值

曾有一段時間，社會上非常盛行討厭認真工作，喜歡平凡度日的風氣。看現在的小孩就知，他們往往喜歡去做標新立異的事，卻不肯默默地做些毫不起眼的工作。他們總認為做基層工作是非常不值得的。

我的長男上國三時，某日曾對我說，「有一天我們班上五十位同學一起去挖地瓜，發現雜草過多，所以老師告訴我們先除去雜草再挖地瓜，由於我希望能儘快挖到地瓜，所以拼命割雜草，結果卻發現只剩我一人在除雜草」。

聽他說完這段話後，我深深地感受到本位主義的孩子們已喪失純真的本性了。

另外，由長女那兒也聽到同樣的情形。即肯協助文化慶典之準備工作的學生極少。但是在典禮當天想出風頭的學生卻很多。遇到這種狀況，老師本可嚴格要求大家全力以赴，但此時多少讓人覺得力不從心。

為何會有此風氣？此乃因目前的國高中生仍受升學壓力所苦。他們早在一年級時，就希望把功課唸好，以期考上理想的學校。

而且雙親及補習班也會加強他們的不安感。結果造成孩子們只重視考試和成績。過度加強知識層面的能力，必會阻礙情操層面的正常發展。由於如此，孩子們缺乏關懷他人，為他人設想的能力，而成為冷漠無人情味的人。

最近，許多公司的人事經理都感歎地表示，公司內增加了許多反應差的員工。其乃指這些員工多半缺乏理解他人的精神，且待人處事自私。

我時常想著，戰後占領日本的美國人確實施行了巧妙的政策，導致日本無力量再反擊。

現在的孩子已經沒有奉獻大衆的想法了。

我唸高中時，在一次辯論會上選擇「我愛國旗」的題目開始發揮，當時最深刻的印象是一直被喝倒采。那已是一九五二年的事，當時只要提到「國家」這二字，往往會被視為恐怖份子。此現象至今仍無改變。

由此可見，戰後美國所施行的占領政策即是消滅日本人對國家的意識。

在一次集會中，有一位消防人員說，「我透過消防工作而為國家效勞」，結果有部份聽衆發出嘲笑的聲音。我覺得這些聽衆必定不認同為國家效勞的說法。

現在的日本人腦中之「公家」的概念，多半仍認為是公司。若仍在公司服務的話則無所謂，但若是退休而離開公司時應如何對應。

若是退休且無奉「公」概念的人，往往只能獨自待在家中。電視是唯一的朋友，雖滿腦有不平不滿，但生活寂寞的老人很多。其實，在這個社會中，老人仍然可以做許多事。

我認識一位美國的老人，他每天都到附近的醫院，免費替住院的殘障者服務。雖年屆九十，身體仍很硬朗。

鎌倉八幡宮的辦事處正是「鎌倉明治會」的會址。此會以顯揚明治精神為目的，於一九六五年四月創辦，每年的四月二十九日與十一月三日召開總會，對象以居住在鎌倉地區、明治時代出生的人物為中心，因此參與者多是意氣軒昂的高齡者。

雖參與者大多八十歲左右，但其中也不乏九十四歲的高齡者。大家幾乎都從事各種工作。對於保護古都及整備教育環境的工作則完全免費服務。令人覺得，人類的生活方式實在很偉大。

固然我們應該珍惜「自己」，但對提供我們生活空間的「公家」也應該關心奉獻。

8．了解他人的心態
——影響別人的原則

英國一家海斯威特研究所曾花了十年的時間，觀察歐洲十七個國家，共六千件有關推銷員與顧客之間的行為。

這項調查的動機在於找出成功的推銷員與失敗的推銷員之差距。

研究的結果顯示，要成為成功的推銷員必須具備二項要素：一、即能適應狀況，分別應用推銷手法（失敗的推銷員則一成不變）。二、向顧客說明時，若能增加質問則可提高成功率。

第一個理由我們很容易了解，但第二項有關質問多，為何能提高成功率呢？這點可能較難理解，尤其是針對不重視問題的人。

由歷史來看，日本本來不是物質富裕的國家。尤其是明治時代以後至二十多年前為止，一直前進的國民不僅為國家、也為公司設想，忍耐渡過了這段物資缺乏的時期。

由於如此，社會上難免一直存在著製造東西比銷售東西重要的觀念。加上以往士農工商的階段思想，則更支持以生產為中心的主義。結果，在日本製作的技巧愈來愈發達先進，至今，放眼全世界，日本已與美國一樣擁有最高級的生產技術。

但在日本行銷的技巧仍不太發達，其實任何物品都一定有其賣場，只要肯努力去開發。新進人員只要被配至營業部門，馬上會被灌輸商品的知識和特性。接著就必須去訪問顧客。他們為了想達到公司所設定的目標值，往往一見到顧客就立刻拿出商品說明書，滔滔不絕地介紹商品的優點，完全站在公司條件的立場來說明。

其實，現在已是物質過剩的時代。大部份的顧客都有自己的想法，希望擁有自由的選擇權。因此想要推銷成功，就必須將推銷要點放在購買動機上。

目前的推銷教育之重點，已由推銷員說轉移至聽顧客講。也就是說，主動去了解顧客的要求、解決顧客心理上的問題。推銷工作成功與否在於能為顧客提供什麼服務。

為了徹底了解顧客的需求，則必須經常做正確的質問。一方面聽對方說話，一方面探究對方的需求。這點看起來似乎很簡單，可是實際上做起來卻很困難。尤其是日常說話總以自我為中心的人，要他持續質問是非常痛苦的事。

曾為美國暢銷書的『How to get people to do things』（日本語譯『說服力』PHP研究所出版），是由人性開發教育權威羅伯·康克林先生花三十年的研究所獲得的成果，的確是一本值得閱讀的良書。此書第一章的結論為『看您能給他人多少他們所需要的，相對地，他人也會如數給您』。他認為，人類是具有相互性的。

讀完第一章時，立刻想起於一九三六年出版，每至春天就會陳列在書店架上，由卡內基所寫的『影響別人』（創元社出版、原名「How to win friends and influence people」）。這本書的第一章「影響他人的原則」中也提到「若能經常站在他人的立場為他人設想的人，則不必擔心未來」。

五十九年前出版的有關說服力的書，與現在所出版的相關書籍，雖表現的方式不同，但所訴求的內容幾乎是相同的，因此頗值得我們深思。

不僅限於推銷員，只要能真誠顧及對方的人，多半善發質問。不會質問的人多半是利己主義者。日常生活中，我們應該儘量傾聽對方說話，多發質問、探究對方的煩惱，以努力解決問題。

若能為對方著想，自己必然會受到肯定。我們應該由衷發問，改變對方，讓彼此都能獲得正面的回饋。

第二章

幸福人生

人是無法單獨生活的。幸福存在於奉獻與感謝他人的生活之中。此乃永恆不變。

1 人生的黃金定律——考慮對方的立場

人生幸福的原則之一為何？古來許多哲學家曾發表過幸福論，其共通的原則在於「考慮對方的立場」。而基督教徒則將此稱之為黃金定律（Golden rule）。典故出於新約聖經馬太傳七章十二節「凡要求他人做的事，自己也應該替別人這麼做」。此相當於論語「己所不欲，勿施於人」。

不論在任何時代，黃金定律都能適用、而成為人們行動的基本原則。我們必須了解，幸福的基本不是利己主義而是利他的精神，在日常生活中，我們應努力實行此原則。

美國的管理者論研究集團、曾耗時十五年研究，認為管理者應具備二種資質。一是感情投入，二是具有彈性。所謂的感情投入是表示具有能站在他人立場，替對方著想的代理想像力，也就是黃金定律。

研究的結果表示，現今的領導者必須具有能共享對方喜怒哀樂的心態。這顯示在今後人際關係日趨重要的成熟社會中，這種心態已不容忽視。

現今的日本人都擁有中流意識。大家在生活富裕的狀況下，自我意識愈來愈彰顯。其實有這樣的意識是很正確的。只是不知何故，目前的社會彷彿缺乏潤滑劑。這可能與人們沒有充分發揮潛在的感情投入的能力有關。

古時有句諺語「多讓可愛的孩子出去旅行」（意指不應讓孩子在溫室中長大，應該讓他多經風雨見世面），到了恰當的時期，許多家庭多半會讓孩子外出工作，期望他們能走入社會。人是無法單獨生活的，所以多讓孩子去體驗生活，替他人服務，如此才能收到回饋。再者，孩子們也才知道應該怎麼做才算得體。

可是現在完全相反，孩子們多半在溫室中長大，過度保護的結果，導致個人的差距愈來愈大，他們的內心充滿著只顧自己的競爭意識。結果，踏入社會後，往往會做出損人利己的事。

在懷有這樣的心態者之中，恐怕很難找到能超越利害得失，奉獻他人的人。在這些人當中，不乏聰穎之人，但他們多半缺乏人性且冷漠無情。

其實我們非常清楚，利己主義者是不能過幸福的生活的。唯有從奉獻與感謝他人的生活之中，才能獲得生存的喜悅。

給與得（give and take）這句話意謂著先給他人，自己才能有所得，而並非先獲得再給予，此乃不爭的事實。

雖嚮往都市獨立自主的生活，但實際生活之後，往往會渴望與他人溫馨的接觸。為此，最想做的事便是提高家庭中夫妻對談的次數。根據調查，有些家庭每日夫妻對談的時間只有五分鐘。這似乎令人匪夷所思。既然社會最小的單位是呈現如此的狀況，則社會整體怎麼可能活性化。

夫妻若將黃金定律妥善運用在日常生活中，對親子關係必有良好的影響。會產生自殺現象的家庭的人際關係中，必定不存在黃金定律。

「考慮對方的立場」是幸福第一原則，我們應該將其視為一種生活態度，並好好思考這個道理。

2 重視接觸——語言的魔力

某日，我看到朝日報紙第一版的標題寫著「人際關係是最寶貴的財產」，而感到非常驚訝。此篇內容預測，在二十一世紀時，友情、愛情將比任何物質更能成為人類生活中最主要的支柱。

關於人際關於與生活的意義，早於社會版與教育專欄刊載過許多次。而現今竟然會出現在主要報導政治、經濟新聞的頭版上，此不由得令人感到時代確實已經轉變。

明治時期以來，我們在資本主義的經濟體制下，一心想建設繁榮的社會。其實此目標與行動並沒有錯。但是快速追求物質的享受並不理想。

戰後時期，人們普遍認為第二次大戰的敗因在於物量的差距，單依精神主義當然會走上窮途末路。為此，對物質的需求過度強烈，促使經濟飛快地成長。

至今，與世界各國相較之下，日本確實已是擁有最豐裕之物質的國家。

但除了重視物質之外，精神方面也不容忽視。

我個人是非常肯定國人曾經走過的這條路。假定過去的時代是屬於硬體和軟體的時代，那麼今後肯定要走向人性體（humanware）——重視人與人接觸——的時代。

在地域社會中，非常重視人與人的接觸。因此如親切宣言都市，寒暄宣言都市等才會如雨後春筍般地出現。

我們平常應多倡導這些改善人際關係的社會運動。

但前提是必須了解形成人際關係的要素為何？

要素之一即心靈的交流，也就是人們相互關懷。之二為語言。其是傳達關懷之心的具體表現。三即是態度。也就是所謂的動作、表情，是屬於肢體語言。

今後努力的目標之一，乃是將此三要素活用於日常生活中。但令人遺憾的是，大家雖一直強調人際關係的重要性，卻少有人能具體說明應該如何去做。正如大家並沒有具體說明要如何留意說話的口氣一般。

人類在思考自己的幸福時，決定的要因並非在於地位或財產。依據學者的研究指出，其決定的關鍵在於平常所使用的語言。在與他人的談話中，儘量使用鼓勵對方，讚美對方，分享他人喜悅，肯定他人的語言，如此會讓自己覺得很幸福。

因為我們所說的話會累積在我們的心中。而這些語言的印象會對我們的內心產生莫大的影響。這就是所謂的語言的心理控制。由於如此，學習可以帶來幸福的語言交談，必定可以達到改善人性的效果。

讓我們默默觀察周遭的人吧。有些人雖不富裕，但每天卻過得很快樂。他們的言行是開朗且充滿感謝。與他們談話時，會令我們覺得很愉快。讓人覺得活在這個世上充滿快樂。

反之，有些人在社會上的地位很高，卻經常給人憂鬱的印象。與人交談竟是不平不滿的批判性語句。所使用的語言多是否定的。

能夠的話，應該將平常所說的話記錄下來。分析自己的日常用語，才能了解自己是否幸福。

希望大家能認真思考，在我們平常所使用的言語中，所隱藏的幸福的法則。

3 受歡迎——笑容與關心的效用

現在，在日本人的口中，有百分之七十五是戰後出生的。這些戰後出生者成為大部份日本實質生產的消費者。由於如此，他們的想法會左右社會的流行趨勢，決定時代的價值觀。目前，他們的價值基準是「時髦」。無論什麼事物，都要求要趕時髦。食衣住行皆以此為基準。最近連形象也要求要有時髦的感覺，所以時髦的地名會廣受歡迎。

自然，大衆的評價也依此價值來判斷。在竹村健一著的『世相講談』（日本電視公司）中有如下的描寫：

「一般人看電視時，有百分之三十八的人只會留意畫面人物說話的口氣及語調的高低。百分之五十五的人注意服裝和臉部表情。百分之七的人才會注意說話的內容」。此乃依特別的資料所發表，其數據發人深省。這正說明人們的評估多依他人表面的態度來決定，隨著電視時代的來臨，我們應重新面對這個問題。

明治、大正時代出生的人所擁有的「少巧言令色才是仁」的特質，如今已成為過去。

現在，對任何人都有好感的接觸方法，已變成很重要的能力。只要仔細觀察就可發現，最近在書店中，有關說話或聽話等與人接觸的書籍愈來愈多了。這可能表示，人們開始發覺在現代的生活中，擁有良好的人際關係是非常重要的事。

那麼究竟受歡迎的處事要訣為何？以下讓我們分二點來探討。

第一，關心對方。這點我們觀察小孩子喜歡的人物就可以發現，他們常會讚美小孩的衣著或手中拿的東西，且經常對孩子微笑，他們不會漠視孩子的存在。在工作場所受歡迎的人物，也多是全主動問候他人的人。對於打掃的歐巴桑，守衛等基層人員也都相當關心。由於他們能替對方著想，且不會傷害對方的自尊心，故能廣受歡迎。這個現象正說明，若我們想受他人歡迎，就必須先喜歡對方。但令人遺憾的是，人們多半只是關心自己，獨善其身。

在衆多討論人際的書當中，廣受讀書青睞的『影響他人』書中，有一段曾提到：

「想學習獲得朋友的方法時，首先應向在這方面擁有最優秀的技術的高手學習。其實，我們每天在路邊都會遇到這樣的高手。只要我們一接近，牠們就會立刻搖尾巴；如果我們摸牠，牠會對我們表示好感，且無任何野心，只想討您的歡心。而牠就是不需要工作也可以生存的動物——狗」。

我們關心對方的心情，會顯露於日常的動作與表情，這樣的態度會讓人有好感。為此，我們平常應儘量關懷對方。

第二，藉由矯正自己的舉止，來改變心態的方法。舉止和心態是表裡一體的。開朗的舉止有助於心態明朗化。基於此，想受人歡迎就別吝展笑容。相信大家都知道笑容的魅力。人們總是喜歡接近常掛微笑的人。這個現象在社會與商店中經常可見。

外食產業權威——麥當勞的服務宗旨只有一句話——「微笑」。他們認為招攬顧客的最大原則，笑容比任何推銷術要來得有效。

其實，笑容是可以培養的。當每天早上洗臉或是到廁所洗手時，對著鏡中的自己微笑吧。常以笑臉迎接他人、對待他人、歡送他人，對方必定會對您產生好感。由於如此，將會產生持續微笑的心理作用。

美國一位白手起家的百貨公司之王瓦納麥卡曾說，「微笑和握手不需耗費時間和金錢，可是卻會使生意繁盛」。

笑容的功效不僅可以改變自己，也有助於事業的成功。

4 共鳴感——寒暄

東京藝術大學指導老師，也是音樂指揮家的大町陽一郎先生，曾在某雜誌說：

「我在藝術大學教的是歌劇，而歌劇的好壞關鍵在於歌手。若有新人加入同台演出時，我都會告訴他千萬不可遲到，演唱結束後應至後台休息室向前輩們請教問候，以免遭到前輩們排斥。但那些新人多半都準時才到，或是遲到一會兒。

其實，若為那些新人著想，確實可以嚴訓他們畢業後參加演出時絕對不可遲到，但因是國立大學，故我並沒有這麼做。結果那些學生畢業踏入社會後，往往會被視為太傲慢、不知禮儀，所以無法受到前輩們的提拔。如此一來自然諸事不順。」

大町先生的話，其實是可以適用於各種領域的。的確，現在的年輕人大多不會寒暄，這點在企業界也感到相當困擾。

戰後，無論家庭或學校，並沒有倡導這種寒暄的教養教育，以致於現在弊端百出。

我在秘書專業學校任教時，總是不斷叮嚀學生要經常與他人寒暄，並且強調寒暄的重要性。告訴他們要從家人、鄰居開始做起，否則以後會找不到工作及結婚的對象。

不久之後竟出現許多有趣的現象。首先是許多家長都寄感謝函表示，這種教育方式很好，其次是學生認為，這種教育早在義務教育時期就應該施行，為何那時學校不倡導寒暄的重要性。

由此看來，現在的小孩和學生們，並沒有主動寒暄的習慣。結果，最大的受害者就是一般的公司。

新進員工的教育目標有好幾種，而其中最重要的是能否成為會寒暄的人。

曾在東京代代木的奧林匹克中心，有十幾家公司一起進行新人教育。當時有一家公司的研修課長表示：M公司的員工不僅是對自己公司的人，連在會場的其他公司的人也都會寒暄問候。這種能將周遭的人都視為客戶的意識，實在是非常了不起。

這表示有否寒暄，對方的感覺會有很大的差異。

在埼玉縣大宮市有一家關東北部最大的文具貿易公司。這家公司上至經理下至基層人員都非常重視寒暄。只要有人到他們公司，全體員工都會起立向對方問候。訪問者往往會因他們誠懇的態度而感動，而對這家公司有好感。

正因如此，自創業以來，這家公司的業績一直持續成長。

其實大家都非常了解，無論是個人生活，公司或人際關係，寒暄是最基本的態度。但為何每日肯實踐的人卻這麼少？

前些日子，我被邀請參加一家大型的電子公司所舉辦的管理者研習會，當時講習者中一位營業課長所說的話令人印象深刻。他說：

「戰後，我們所接受的教育都偏重理論。在企業方面，經濟價值是決定事物亙寙的最大基準。現在，中老年人所關心的生涯規劃，多半是針對身體與金錢方面。大家似乎都不重視心靈層面的規劃，此刻我們應有所覺醒，正視心靈教育的重要性。」

的確如此，我們應該更加關心人類本身的存在價值，培養真誠與他人相處的態度。

美國輿論調查專家楊格•羅比奇會在他的著書中描寫戰後的四分之一世紀中，上班族價值觀的變化。

「工作上最重要的是『被肯定為有人格的人』及『有機會與志同道合的同事一起工作』。這些因素比對工作本身有興趣、或工作不過是反覆作業兩者都還要重要。」

其實，在日本情況也相同。能與自己契合的人一起生活是最重要的。寒暄正是達成此目的的關鍵，其乃是帶來幸福的青鳥。

5 互相寒暄——日常生活的基本

「早安」（「おはようございます」），起先我們以較晦暗的口氣說看看，接下來再以較明朗的口氣說。其兩者聲音的差距究竟是如何產生？

其原因乃在於發出「あ」的方法不同。「おはようございます」中有「はあ」、「ざあ」、「まあ」三處必須發「あ」的音。

而「あ」的音即張嘴、由喉嚨內部柔和地發音。如此必能發出令人感覺舒服的「あ」的聲音。因此，觀察明朗的人發「あ」的音，就知道他們講話時經常都將嘴巴開大。

可是「お」的音正好與「あ」相反，若無噘嘴狀就無法發音。通常噘嘴是生氣時的表情，因此說「早安」時，若發「お」的音後都不張嘴說的話，則聲音聽起來會比較晦暗。

而令人驚訝的是，我們常在不了解基本的道理之下，只依自己的發音方式去接觸他人。

我在舉辦企業的新進員工教育時，為了訓練員工能做好其應該做的事，總是先由寒暄的方式開始教起。

實行的最初，我曾自問是否連這麼基本的態度也需要訓練？後來，學員們都發表他們的感想表示，還好能夠了解什麼事可以做，什麼事不可以做的基本道理。

前些日子，有位出版社的社長對我說，他們公司曾舉辦「使員工養成寒暄態度的研習會」，結果盛況空前。由於這個現象可以發現，現在的企業早已了解員工多半不會寒暄的事實。其最大的原因乃在於家庭中，家人互相寒暄的習慣已經式微。

在夫妻根本不寒暄的家庭中，親子自然也不會寒暄。現在，這樣的家庭相當多。而且，在學校中也不實行寒暄教育。不僅老師們本身不會互相寒暄，且聽說最近屬於密室型的自閉症老師有增加的趨勢，由此看來，學校也無法期待老師來帶動風氣。

在正常的社會生活中，包括寒暄的重要基本行為有幾種，但最近這些行為似乎特別被忽視，以下我們將提出一一探討。

首先是有關早晨上班。仔細觀之，會發現許多人總是在規定的時間內，勉強趕上打卡，他們認為只要沒有遲到就可以了。但在工作之前，應該給自己一段調適的時間，使自己能從容不迫地進入工作狀況。若剛好趕在規定的時間工作，不僅無法立刻進入工作狀況，面對客戶也無法即刻做恰當的對應。

由此看來，儘量早起，凡事提早處理的傳統日本人的特質，似乎已日趨式微。

其次乃是不會報告的人很多。被交待去做的事，屬下有義務將其經過及結果，向上司報告。在報告時，必須將事實與意見加以分開。對於事實和自己的意見應區分，清楚表示，此才是報告的真正目的。但是現在在企業界內，到處可發現將自己的意見與事實含混報告的現象。由於如此，導致上司無法做正確的判斷。

最後一點乃是整理、整頓的忽略。

此由急訓時，與員工們一起生活，就可以發現現在的年輕人有多麽邋遢。不僅在教室內的桌上東西排放雜亂，用過公共澡堂後也沒有做好善後處理。這些有關寒暄、早上上班、報告和整頓等問題，都是沒有機會培養正確的生活習慣所引起。我並不喜歡批評現在的年輕人。其實他們都擁有良好的潛在能力。只要加以訓練，這能力必能發揮。

如今，訓練的場合只剩下工作崗位。身為上司、前輩者，應以身作則，努力實踐基本的行動，對於做不到的人，應加以訓練，如此才能壯大企業的實力。

第三章

開朗地生活

熟睡中的嬰兒嘴邊所露出的微笑最美。如果母親投以微笑，使母子間經常交換微笑，則可培養小孩開朗的性格。

1 開朗的心態——心的法則乃人生的關鍵

曾受頒國民榮譽獎，而在幾年前亡故的藤山一郎先生是一位著名的歌手。他開朗的歌聲使我們為之振奮。

在電視上看到他生前的表演，非常年輕，令人無法想像他已經超過八十歲。

他的生活哲學是「呑淚，開朗地生活」。因此，他總是開朗地唱歌，給人的感覺非常健康。

評論家草柳大藏先生曾評論藤山一郎先生說：「他是詮釋早晨之歌最合適的歌手」。由於他唱歌的態度，讓人覺得不僅影響他自己的歌，連其生活方式也受到影響。

古印度教的經典曾記載：「人會成為自己所希望的人物」。這正表示，在幾千年前，前人已透過經驗，發現了心的法則。

亦就是自己在內心所描繪的形象、控制自己本身的重要原理，但現在的人們似乎已遺忘這個道理。

有個實驗叫做「雪佛萊的鐘擺」，是十九世紀奧地利的科學家雪佛萊所發現。即用線綁著一個中間有洞的錢幣，以拇指與食指拿著線的一端，讓錢幣懸在距離桌面二～三公分高度，並保持靜止的狀態。

然後凝視錢幣，想像自己在盪鞦韆的樣子。不久後，錢幣會慢慢開始搖動。

接下來想像鞦韆靜止的樣子，如此錢幣也會慢慢地停止。

有關這個實驗曾有多數人嘗試過，其結果幾乎百分之百會產生此效應。這正表示，在我們腦中若持續擁有某種意念時，身體自然會受到影響。

在我們周圍，有些人經常會把事情往壞的方向想。雖處同處的環境，有些人樂觀開朗地生活，有些人則始終不平不滿，認為凡事都是他人不對。

我曾擔任過販賣公司的經營者。有一次派剛通過就職考試的新進人員負責現場的營業工作。結果清楚地發現，員工分為積極挑戰和消極的兩群。在會議席上，消極派所提出的都是為何做不到的理由。然而積極派則努力提出可能性的方案。

為何會有此差距？這可能是個人腦中的意念不同所造成。

此兩者的差距在於，如何將自己的工作以開朗的心態展現。

聽積極的人說話，會令人覺得很快樂、羅曼蒂克、有夢想。而讓人感到能與這樣的人工作實在太幸運了，從中體會到生命的喜悅。但聽消極的人說話會令人感到沈悶、不愉快，心想既然其有這麼的不平不滿，那為何不辭掉工作？

對相同的事物，若經常擁有否定性的態度、或懷疑背地可能有陰謀的人，是不幸福的人。接觸他們時會令人感到同情，不解他們為何不能坦誠接受開朗的一面。

令人遺憾的是，現在國內的學校都不會教導孩子這層道理，而往往過於重視理論。一旦踏入社會後，多數人會發現，對事物的心態和擁有自己所信賴的形象，比了解困難的數學和文法更重要。

我們應該儘量以好的方面來解釋事物，行為開朗。並朝肯定的方向描繪心中的形象。羅馬時代的哲學家奧雷里爾斯曾說過，「我們的人生建立在思考上」。這正表示心態乃是人生的重要關鍵。

2 微笑是一種能力——表示好感

在東京高峰會議上，英國前首相柴契爾夫人的微笑深受日本國民的好評。自然的微笑是人際關係最重要的因素。此由各先進國家的領導者的表情就可以了解。

外國人常指責日本人的表情太僵硬、麻木。由於各國的價值觀互異，在日本並不介意的事，在外國人看來卻覺得不可思議。考慮今後國際社會的發展，國人對於表情和動作的看法應該予以調整。

在日本，從古來就很重視「巧言令色鮮矣仁」這句話，因此拒絕奉承他人或說話過於浮華的儒家思想遂成日本的道德觀。這個現象也造成「認真」的一元化價值觀，成為世人評估他人的尺度。

可是最近，教育部已開始考慮將「認真」之外，如「舉止活潑」、「從容不迫」等其他世人評估的體系納入教育課程。這表示只有「認真」的人生觀已不符潮流。目前，廣受重視的新價值觀乃是能接受豐富的表情、舉止活潑、在精神上能包容對方的人。

這意謂日本若要成為先進國家，在以地球為一體的航行中發揮領導力，就必須倡導合乎國際性的禮儀。

過去日本對國際社會的貢獻乃在於透過經濟成長所製造的豐富產品。高品質且價廉的商品掀起世界流通市場的大革命。同時，發展硬體的功績也不容忽視，相信今後必能發揮世界工廠的機能。

除此之外，也更加重視人性化的發展。世界各地都強調人性化的接觸。因此也希望日本能積極參與這類活動。第二次大戰後，美國所擔任的角色將由日本代替。但國人有一缺點是，雖與朋友之間交際良好，但與陌生人，尤其是外國人就非常不擅長交際了。

日本是由單一民族、單一語言所組成，所以，不擅長以英語為主的異國語言。美國萊夏互博士會說，在國際上最不懂英語的便是日本人。

而且連表情也比較呆板，不太會表現能讓對方產生好感的「舉止」。

與他人接觸時，最初給人的印象便是笑容。笑容自然者，表示擁有相當優秀的能力。經常露出笑容者自然會討人喜歡。這是因為我們都喜歡個性開朗的人。

認定「舉止」為價值觀的社會，其必擁有強烈的開朗的特性，為了培養國人擁有開朗的表情和舉止，應落實於學校教育和社會成人教育。

員工教育法「關懷訓練（Care Training）」（簡稱C・T）在目前服務業界非常受重視。「關懷」（Care）即是為了讓客人產生好感，因此身體的姿勢、態度、表情、言語等，一切都要替對方設想，也因此開發出一套訓練的系統。目前，這套系統已經引入百貨公司、銀行等以顧客為中心的機構，作為公司的員工教育基本。

多數聽到此事的日本人可能會反駁說，只是教育形式上的問題是無用的，只要有誠意，一切就可以達成。

其實，這種心態已無法適應現今的社會。雖然訓練是由形式開始，但慢慢必能擴展至心態方面。正像演員在表演一般，起初不過是表演而已，但反覆進行後，演員會不知不覺溶入劇情，變成主角，而這種訓練的效果就如同表演一般。

培養笑容的習慣並非一朝一夕。而必須每天對著鏡子練習。鏡子不僅是化妝的工具，也是訓練微笑的工具。

讓我們重新認識笑容與人際關係的重要性，並努力去實踐。

3 讚美——具體讚美的價值

「人所擁有的本性中，最強烈的即是渴望受到他人的肯定」，美國偉大的心理學者威廉•詹姆士曾這麼說過。我們仔細觀察渴望這一詞，即會發現詹姆士先生並不是用希望或願望，而是選擇最強烈的語句來表現。

當別人重視自己的存在，且肯定自己時，意願自然會提高。

平日功課不受矚目的孩子，有可能在運動會上表現傑出。由於孩子知道他的運動能力受人肯定，因此在運動方面便能展現自信。

無論大人或小孩，一旦受到讚美或關心時，必定會更努力去做。這就是詹姆士所說的人類的本性。

若能了解這層道理，平日我們應該更努力去讚美他人。為此我們應檢討平常讚美他人的方法。例如在運動會時，父親參加百尺賽跑而獲第一時，相信他人一定會以「不愧是一流好手」或「跑得好快！」等話來讚美。

而問題就出在這裡。通常被讚美的人都希望他人能有更具體的表現。

一九七五年，卓別林受伊麗莎白女王頒立「爵士」的頭銜時，在當時的記者會上他表示：

「女王似乎經常看電影，這點激勵我日後要繼續拍出好電影。但女王卻忘了具體地告訴我，我的哪一部電影，哪一個場面最精彩。」

即使是默劇天才卓別林也需要具體的讚美。這正表示人的內心都存在著希望受到他人具體讚美的需求。

那麼何謂具體的讚美？在此列出三個要點：

第一、DO——DID法則。稱讚某人所做、或已做過的事。任何人都擁有自己的生活習慣，我們可以讚美他人良好的習慣。任何人也都有工作。只要該工作對社會有貢獻時，我們就應該對這件事情表示關心，找出優點來加以讚美。

初見面時，如果事先能了解對方過去所做的事，適當地加以讚美，則對方自然會相當開心。另外，對對方所做過的事，或正在做的事感興趣時，對方也會充滿喜悅。

第二，HAVE——HAD法則。稱讚對方所擁有或曾經擁有。

我們都有自己的價值觀，因此好惡的基準千差萬別。一個人的言行舉止充分表現該人的價值觀。

由食衣住行至人際關係，都充分表現出每個人的價值觀。假定對方所喜歡的並不合乎自己的嗜好，那麽就應該站在對方的立場為其設想，並以言語傳達。

可是通常我們都是以自己的價值觀去評估他人的言行舉止，而忽略他人的價值基準，如此一來，就無法說出令對方感到喜悅的言語。為此，能站在對方的立場為其設想最重要，平常我們應該多去探索彼此的言行舉止間所流露出的共通性。

第三，以對方為主語的法則。一般而言，人們最常使用的語言即是「我」。好像不強調「我」的話，就無法生存一般。當他人能容忍自己常以「我」為首而談話時，是令人最愉快的事。

「我」是最具代表性的語句。與他人交談時，能儘量讓對方說出「我」的技術與關懷，即是最好的讚美。

聰明的經營者面對來訪的記者時，不會強調「我」或是「我的公司」。而會以記者為主語，先慰勞他們的辛苦。對於記者的採訪活動，也會儘量予以協助。本是主角轉為配角的關懷，必定會使來訪者感到難以形容的欣慰。

讓我們一起將「讚美他人」活用於日常生活中。

4 愉快的義務——暗淡的表情為心之公害

嬰兒安詳地入睡時，嘴角常會浮現微笑。醒時也會露出微笑。這種微笑稱為嬰兒的微笑。當母親投以微笑，使母子之間經常交換微笑時，嬰兒成長後自然會養成開朗的個性。

若經常處於充滿微笑的環境，則孩子會加以模倣、而養成表情開朗的習慣。不僅家庭如此，社會也是如此。在工作崗位上，若經理、上司的表情開朗、則屬下自然會跟進。

一般而言，日本人的表情大部份被認為是「無表情」，但這並不是與生俱來的。其實，古時候的日本人是很開朗的。

關於這點，依全國各地的廟宇至今仍舉行笑祭的慶典就可證實。

但在不知不覺中，人們逐漸養成不輕易將感情顯露於臉上的習慣，最近，此傾向愈來愈強烈。尤其在東京或大阪這種大都會中，表情冷漠者比比皆是。

缺乏笑容的社會是很冷淡的。假定全體國人都是表情冷漠、漠視笑容的價值，則日本將成為最無魅力的國家。

在國際上，日本必須與多國交往。在這個時代，擴展外交並非只依外交官。一年當中，約有一五〇〇萬人至海外旅行，由於如此，國人的言行舉止勢必對外交造成莫大的影響。而笑容正是其中最重要的關鍵。

為此，國人有義務讓生活充滿愉快。無論是求學或是工作，只要認為應做的事會帶來愉快，則內心自然會感激而使笑容浮現。

習慣以明朗的心情來迎接每日的一切，則心中自然會有所反應而成為一種心態。心態開朗自然會影響表情。

我五十五歲那年，卸下管理者的職務，並於公司再延長退休年齡的五年期間，擔任普通職員，前些日子，我以屬下的身份，參加以前曾擔任過課長的成員集會。

當時，覺得全體人員的表情都很暗淡。我開朗地向他們搭訕，但他們全然無反應。不久後，我的心情也被他們沈悶的表情所影響，而悶悶不樂。在地位降級、薪資減少的衝擊下，使他們的心情沈重鬱悶，而這不悅的氣氛也影響到周遭的人。

每個人都有權利露出沈悶的表情。但顯露這種表情的人們，他們的心態究竟如何？暗淡的表情可說是內心的公害。既是公害，製造者應接受懲罰，隨便製造公害的冷漠者，應受社會大衆指責。

這尤其是針對從事服務業，卻不在乎影響他人情緒的人。例如，表情木訥呆板的百貨公司或超級市場的店員、公家機關的窗口職員、不耐煩的計程車司機等，客人反而應該很客氣地去對待他們，這種顧客至下的態度，令人覺得很生氣，為此應如違反交通規則一般，也加以科刑罰金。

今後，日本人有義務讓生活充滿快樂。若能達成此義務，則不論國家或地方政府都應該好好表揚。

為了要達成此義務，我們應該要怎麼做呢？

第一，無論在工作崗位或家庭中，都應該有意識地常帶著愉快的表情。

第二，說話時應該多予以肯定。讚美對方、鼓勵、感謝對方，常用悅耳的口氣說話。因為有魅力的語言自然會引導出開朗的表情。

第三，對於日常工作應保持愉快的心情進行。威廉•詹姆士（美國心理學家）曾說過，「人並不是因悲哀才哭，而是因哭泣而悲哀」因為行為會支配內心。若經常保持愉快的舉止，自然會使心情愉快。

在目前的社會中，包括傳播媒體，許多人都喜歡用否定的語氣說話。若一直聽他們說話，在不知不覺中，也會開始由否定的層面來思考。要拒絕這個現象，除了以肯定的言語去思考外，別無他法。這正是每個人都應履行的愉快的義務。

5 無限的關心——以溫馨的眼光對待一切

我還在日本經濟新聞社工作時，有一次在與數名送報生的座談會席上，曾問他們說：「讓你們覺得最難過的是什麼事？」他們異口同聲地回答：「當送報紙給對方時，對方毫無反應。」這些少年覺得，自己的存在被漠視是比清晨早起在雨中送報還更令人難過。

無論孩子或大人都有強烈的自尊心。希望自己的存在能受到他人肯定。當遇到傷害自尊心的人或場面時，內心會受到很嚴重的打擊。

由於內心的創傷不易用肉眼觀察，故他人向來不會留意。可由負面的角度來看，心理的創傷要比身體的創傷來得有影響力。

根據警察局對不良少年的問題的報告中，發現不良少年逐年激增。為何會有此傾向？警察認為是教師指導能力低下，及考試競爭所造成，但我個人認為是父親與孩子之間的交談不足所造成。

我曾在幾個專業學校擔任人際關係論的講師，對每個學校都曾舉辦過如下的活動，就是讓每個學生在三分鐘內談談自己的雙親。

不可思議的是，多半的學生都只提到父親。內容多半有關與父親的談話，或是父親嚴厲的告誡等等，而這些話也幫助了我。當孩子逐漸踏入社會之際，需要的正是父親的建言，若這時候受到父親的忽視，將可能走入歧途。

當我們知道他人重視自己的存在時，才能重新去反省自己。

我曾聽過這樣的故事。對於銀行搶匪而言，有容易下手和不易下的銀行之差別，不容易下手的銀行是指服務員態度誠懇親切的銀行。

丈夫與妻子、雙親與孩子、上司與屬下應該互相協助。關心對方的想法與行為、經常鼓勵或讚美對方的舉動，在目前的社會中非常欠缺。

已故的松下幸之助先生，在生前總是抱持著工作至死的服務精神，每天都相當活躍。松下先生非常喜歡與他人交談，常勤快地打電話去問候對方，將關心對方的行為視為恆常的作息，這點使我非常欽佩。

俗話說：「知道什麼並不重要，最重要的是認識他人。」由這句話可看出人際關係的重要性。但瞭解後必須付諸具體的行動。也就是以語言和文字將自己的關懷傳達給對方。

可是現在的傾向並非在於關心對方，而是只希望對方能關心自己，即使忽視對方也不在乎。但自己遭到忽視時，多半的人都會很憤怒。或許大家都應該檢討，自己是不是這種人。

在這個變化多端的時代，凡事已不能只靠自己的力量了，能獲得朋友親人的幫助是相當重要的。尤其在資訊社會中，能否迅速爭取正確的資訊是決定勝負的關鍵，因此人際關係非常重要。

為了對應時代的變遷，平日我們的生活態度應該有所轉變。正如送報紙的少年一樣，我們的生活必須依賴衆人的協助。為此，我們應該以更溫馨的態度去對待他人。

平時，我們可以努力與他人交談。藉由日常生活的累積，才能擴展資訊網路的範圍。

搜集資訊是否順利、端視自己的生活態度。強化重視他人的心態，並將此態度活用在日常生活中。

6 誠實待人——傳達關懷與喜悅

在法國詩人亞拉崗的一首詩中，曾如此描寫：「所謂學習是在於誠實待人、教導是一起談希望。」

這段話很美妙地描寫人類生活的心態。所謂誠實是指對他人的關懷，談希望是與他人共享生命的喜悅。

也就是說，人們應該互相幫助，在互助中個人才能不斷地成長而死去。但為了達到這個目的，我們應該做些什麼呢？

人類終極的目的，在於滿足自我實現的慾求，所以我們應該儘量開發自己的潛在力量，並發揮於社會中，如此才有意義。

平常我們可以多觀察四周的人，找出他們的優點並以實際的言語傳達給該人。當自己的優點受到他人肯定時，必定會增加自信。另外，當稱讚他人並不知道的優點時，對方會因為發現自己新的優點而更加驚喜，進而提高工作的意願。

古來有句話說，我們奉獻他人最偉大的地方乃是協助他人成長。其本意乃實際去找出他人的優點。

仔細觀察會發現，我們在日常生活中，經常會說他人的缺點，但卻很少積極主動去找出對方的優點，直接或間接傳達給對方。由於如此，平日我們更應該努力培養找出他人優點的習慣。

根據現代的醫學證實，欲求身心都健康的前提是受到他人的鼓勵與肯定。

研究壓抑論的權威漢斯・薛列博士認為，任何細胞都具有自我中心主義的特質。當一個細胞與其他細胞在同一個環境中生存時，必須減弱自我中心主義的慾望，否則由細胞所組成的有機體會遭到壓抑而動彈不得。

薛列博士認為，人與細胞其實是一樣的。人們要減弱自我中心主義的唯一方法是努力使自己受到他人喜歡，為達到此目的，自己應該先對他人提出鼓勵的建言。

如果想獲衆人的肯定，自己應先向他人發出鼓勵之聲，這正是日常生活中，我們所必須具體實踐的目標。

在這個社會裡，有許多人會任意傷害他人的感情，如在意願高昂的人們面前說沮喪的話，毫不在乎地擺出一副陰沈的表情。乍聽這些人的話，會讓人誤覺只有他們才是正確的，而他人的缺點太多。這些人往往不會去讚美他人，因為他們認為讚美是虛偽的。

據說這些令人厭惡的人，多半是在缺乏感情的環境下成長。有鑑於此，平日各位應該努力以愛心去對待他人。

研究測謊機的專家凱利普・巴柯斯特先生曾在一九六六年的某日，靈機一動地將測謊機的電線接在龍血樹的葉子上，而想像這顆樹被燒掉的場面。瞬間，測謊機的儀表上描繪出很大的曲線。經由這個實驗，巴柯斯特先生發現植物的生命與人類的感情有極密切的關係。而且他也發現，擺在花店外頭的盆栽比放在裡面的要長得更茂盛、更美，此乃因為擺在外頭的花受路人的讚美所造成。

連植物也會受人類心情的影響，更何況是人。今後，我們應更努力抱持著親切之心去接觸他人，找出他人的優點，而將讚美的心情傳達給對方。

最近，國人的工作意願相當低落。倘若鼓勵能提高他人的工作意願，那麼我們應該推廣誠懇讚美的風氣。

第四章

美善的生活

在路人的讚賞下，蓮花會開得更美更久。期待、讚美和鼓勵的語句，會在人們的心中，發揮莫大的潛能。

1 表現期待之心——一句話的威力

在歐美各國，丈夫早晨上班時，多半有讓妻子或孩子親吻的習慣。這種親吻稱為「早晨之吻」。美國一家保險公司，曾對有接受早晨之吻的男性及無此習慣的男性進行調查，調查結果如下。有此習慣者：

①平均壽命長五年。

②請病假的比率降低一半。

③比較不會發生交通事故。

④年收入多百分之三十。

這正說明在日常生活中，丈夫經常接受妻子與孩子「打氣」的期待與信賴的親吻下，會得到莫大的鼓勵。

這使我想起曾有位大企業家與高采烈地對我說：「我的妻子每早都會在門口揮手送我。讓我覺得她彷彿在內心祈禱著此刻的分開別成為永遠的訣別。」

這位大企業家為了不辜負妻子的期待與願望，每天非常努力地工作，且留意身體的健康。根據心理學的解釋，當我們受到他人期待時，會產生強烈的工作意願。

以國人而言，雖內心對他人的期望很大，但總不擅長以言語或行動表示。因為大家認為以心傳心，雖不開口彼此也可互相了解。

的確，在以前還是榻榻米的時代，彼此生活的距離都非常接近，即使話不說出口，多少也能了解對方的心意。但是，現在的家庭生活多半是坐在椅子上的。正因如此，個人的活動空間（個人所佔有的面積）擴大許多。也就是張開雙手原地繞一圈的距離。這比在榻榻米上的坐墊空間要大六倍。

既然個人的活動空間擴大了六倍，想要以心傳心則相當困難。而必須藉由語言、動作和表情來傳達。

但若不認同期待的價值觀者，在家庭或工作崗位上，都不擅長與他人交談。

當在玄關迎接丈夫下班的妻子，若開口就說：「怎麼那麼晚才回來！」則丈夫會感到彷彿被人摑了一巴掌般，完全無法體會出妻子見到自己平安回來的喜悅。

即使在工作場合也是如此。有位在東京工作的推銷員，某日在公司指派下，至北方雪國的公司出差，許久才回到東京，當他穿著長靴回到公司時，公司裡的員工沒有一人與他寒暄、關懷他在大雪中工作的辛勞。那位推銷員原本希望自己長期出差，能夠受到公司的重視，但隨著時間的經過，他感受不到任何的期待，於是他毅然辭職。由這位推銷員的例子可以證實，當人處於不受期待的情況下，是無法提升工作意願的。

在茶之水女子大學任教的榮譽教授外山滋比古先生曾表示，他在國中時期的住宿生活經常不遵守宿舍的規定。某日，他的父親被舍監長請到學校，希望他能多注意孩子。事後，他父親帶他至餐廳用餐時告訴他說：「舍監長森先生說他很看好你的將來。他提到以前在大阪當老師時，也很看好一位學生，不出所料地，那位學生現在已經上大學了。我希望你不要再做一些無聊的行動，惹森先生心煩。」

這件事已是半世紀前的事了，可是外山先生提起時依然記憶猶新。

當一個人知道有人對他期待時，將會終身無法忘懷且激勵自己。

有時，我們會因為聽到某人所說的一句話，而收到意想不到的效果。這是因每個人的心中，都介意他人對自己的期望，由於受重視，將會激發連本人也沒有發現的潛在能力。

總之，我們應該經常對周遭的人傳達由衷期待的心情。尤其是早晨起床時問候的語句。雖只是一句話，但有可能造成正面或負面的作用。因此我們應該儘量選擇期待，鼓勵和讚美的語句。

2 培養親切的習慣——尊敬對方

與對方接觸時，若對其有好感，則相處起來會比較愉快。例如坐計程車時，若司機先生以親切的口氣問：「先生，請問您要去哪裡？」，則乘客內心自然會感覺愉快。

其實，任何人都喜歡「親切」，因為「親切」會令人覺得很溫馨。

由於推銷員的工作是去拜訪他人，使他人能快樂購買商品，因此特別需要具備「親切」的態度。

若我們遇到表情暗淡的人，心情自然會受到影響而感到憂鬱。特別是出生於戰後，創造時代的流行趨勢的年輕人，「親切的價值」佔更大的比重。

以前生意興盛的壽司店師傅，多半廚技高超，但態度非常冷漠。現在則完全相反，唯有師傅態度親切才會受歡迎。比喻而論，唯有硬體的技術、軟體的親切心才是社會所需。

目前是以營業為中心的時代。上級者無不希望全體員工都能發揮推銷員的精神。若要達成此目標，全體員工都應該培養親切心。只要改變心態，任何人都能具備親切心。

培養習慣不難。只要反覆去做，習慣自然養成。因此必須反覆實踐親切的舉動。美國的心理學者，馬特斯威•麥爾茲曾主張，要培養新的習慣至少需要持續進行二十天。而欲培養親切的習慣，應該如何做起？

首先，對於平日協助我們生活的人，應予以問候與關心。例如公司內的守衛、保全人員、清潔婦人、泡茶的女職員、或是辦理進出口的商人及負責承包的人等，他們所擔任的都是對我們有幫助的基層工作，所以我們應該由衷感謝他們的辛勞。

肯定他人的存在、重視他人，就像是送給對方最好的禮物一般。雖這些行動剛開始只是形式化，但認真去實行之後，自然會由衷行之。

剛學習鋼琴或笛子的人，總希望能練習到沒有錯誤。在反覆練習的過程中，再慢慢溶入感情。這種反覆的效果，只有實際去體驗才能發揮。

第二，是與第一向他人寒暄的情形完全相反，即當他人招喚自己時，明亮地回答「有」。

無論在家庭或是工作場所，一聽到呼喚馬上予以回答的人多半是屬於親切的人。「有」等於「是」。亦就是表示尊敬對方的態度。為了尊敬對方就必須抑制自我。若能培養淸楚回答「是」的習慣，必可做好自我控制。

不論任何場合，都可依回答的習慣來養成尊敬對方的心態。

在夫妻與親子之間，應該養成能清楚回答「是」的習慣。這樣的習慣會反映在工作場合中，此不僅可促進在公司內的人際關係良好，對外也能讓人產生好感。

第三，轉動頸部的肌肉，將臉朝向對方。面對他人時，眼睛要直視對方，不可用眼尾看。避免讓對方誤解您懷有輕視的心態。

還有，在聆聽對方講話時，應該不斷傳送理解的信號——時而頷首，時而露出驚訝的表情。亦就是不僅用耳朵聽，也必須配合動作和表情。

在美國的總統當中，林肯給人的印象是非常親切的。聽說他與別人交談一小時之中，有四十五分鐘都當聽衆。對話時，應該將百分之七十的時間讓對方說話，自己則站在對方的立場，誠心聆聽。由於誠懇的聆聽態度，而使林肯擁有親切的形象。

只要培養基本的態度，任何人都可成為一位親切的人。

3 笑者福至——豁達開朗

中國有句諺語「一笑一若，一怒一老」。意思是說，愈笑會愈年輕，愈生氣會愈衰老。生氣會加速老化，這點可由大腦生理學實驗加以證明。生氣時，血液中的二氧化碳會增加，而陷入缺氧的狀態，如此腦中的細胞會受到負面的刺激。腦細胞退化便會造成老化的現象。

據說，前蘇聯高加索地區的長壽村，當地居民長壽的秘訣有如下三點：①從事有意義的工作。②擁有可傾訴的朋友。③不要生氣。

不生氣為長壽的秘訣早已受人矚目。這正說明，要維持健康，最重要的關鍵在於心態。日語將健康受損稱為「病氣」，也就是表示「病是由氣所造成」。

即使每天早晨慢跑或是週末打高爾夫球，若是經常生氣，仍無法持續保持身心健康。生氣不僅會傷害他人、同時也對自己有害。

那麽，如何才能在日常生活中不動怒？在研究這個問題之前，先想想我們在什麽情況下會動怒。

第一、內心無法釋懷時，自然容易發怒。另外，做事急躁也容易動怒。

第二、期望太高，但結果不如預期所想時。雙親對孩子動怒的原因多出於此。

第三、和他人相較之下，自己的評價較低。發獎金時，自己所得到的金額比他人少，或同期入公司的員工當中，只有自己沒有陞遷，雖然清楚生氣無法解決事情，但內心仍很在意。

雖然造成生氣的理由不勝枚舉，但皆有一個共通點，即憤怒的根源來自於內心。當內心的欲求不滿時，就容易發怒。但為何會引起慾求不滿？那就是自我現狀與理想中的自我差距過大，又找不到可以彌補的具體對策所致。

即使理想與現實的落差太大，但若有彌補之具體對策，則不會過於焦慮而發怒。

有一次我受九州某縣的經營者協會邀請至當地演講。由機場至會場坐計程車大約只需一個小時就可到達，但由於遇上塞車、預計可能會趕不上演講，於是我立刻打電話通知主辦單位，希望他們能先帶一些其他的活動。

不出所料，我果然晚了三十分鐘才到現場，但協會的專務董事已先帶活動，之後我依計程車司機所給的資訊做為開場白，進行了一場對自己也很有幫助的演講。

依這次的經歷我發現，當事情出問題時，應該儘快向當事人說明，共同謀求解決的對策。若已委託對方處理時，則不要再過度擔心。

無論任何事，萬一有突發狀況發生時，應馬上以電話連絡。因為我們了解事實之後，才容易擬定因應的對策。

評論家竹村健一先生主張，要經常動腦、但不要顧慮太多。他所說的顧慮乃是指無根據的擔心。有根據才能做為判斷的基準。

有時我們在操之過急的狀況下，往往沒有仔細確認事實，便主觀的判斷或臆測表達自己的意見。容易激怒的人，多半沒有確認事實的習慣，因此常做出魯莽的行動。

對於日常生活和事物、儘管避免感情化。處理事情時，必須先掌握事實，依事實來判斷、冷靜對應。如此就能了解無故生氣是多麼愚蠢的事了。

動怒對自己、對家人、對社會是不會有什麼幫助的。正如「笑者福至」所強調的，減少發怒才能擁有幸福。

4 輕、薄、短、小——小體驗勝過大理論

現在是「輕、薄、短、小」的時代。「重、厚、長、大」已經落伍了。目前的暢銷商品或正待開發的產品都具備「更輕」、「更薄」、「更短」、「更小」的特性。

這種現象並非只出現在既有的商品上。連日常的溝通問題也是如此。沈重且冗長的說話方式，或是又長又囉嗦的寒暄已受到排斥。在此，我們將探討用什麼口氣說話最受歡迎。首先要考慮的是價值觀週期。依社會工學研究所長期對日本的社會動向和世態所做的分析，結果發現，在日本有四種「文化的價值概念」，會循環性地成為某一時期的主導性概念。四種概念如下：

①善與惡、以「善」為佳的價值概念。
②失與得、功利的價值概念。
③好與惡、以自己的感覺和興趣為基準的價值概念。
④真與偽、重視真偽的價值概念。

戰後的二十年期間、正是「失與得」的時期。也就是經濟主義至上的時期。而到了一九六五年之後，就轉變為「好與惡」的時期。即不僅重視性能，亦要求是否具備時髦性。一般人並不重視邏輯、而重視好惡的感性判斷。這個現象至一九八五年才被「真與偽」的價值觀所取代。不過，至今好惡的價值觀仍強烈地存在人們的心中。

本來，說話應該重視其內容，但一般人反而重視對說話者的人品之好惡性。依此論點，與他人交談時，最重要是不做出讓對方討厭的舉動(姿勢、動作、表情)。

企業界錄用員工時最重視面談正是依此觀點，他們在乎的是員工的形象是否明朗。若表情陰沈者將會被排斥。這點藉由觀察昆蟲都喜歡擁到明亮的地方就可明瞭。現在的人不喜歡沈重的感覺、而喜歡輕快。因此，我們應該經常以開朗的心態去接觸他人。

第二，說話簡明扼要最受歡迎。日本的傳統藝技浪曲與講談之所以式微，主要原因乃在於對白太冗長。另一方面，相聲之所以大受歡迎，乃在於其劇情發展迅速，且對白精簡。由於其合乎輕、薄的現代風格、因而廣受大衆喜愛。

有些人說話非常懇切、詳細。或許其本人認為自己說話很誠實，但聽者卻希望對方能更簡短地說明、而顯得焦慮。由於如此，在感情不悅的情況下，不論對方說的內容有多麽充實，也無法吸引他人。

曾任哈佛大學教授的廣中平祐先生表示，在美國，大學教授上課的講義內容都非常精簡扼要。此乃考慮學生的立場所做的對應方式。但在日本卻相反，一般的教育都認為上課的內容愈有深度愈長愈好。

第三，說話要具體化。也就是不要使用抽象化的語句。抽象的語句概念大，而只包含細微具體的事項。

為了讓對方確實了解，應該儘量以具體的事例說明。即運用具有說服力的話加以分析。如可以使用「例如說……」的舉例方式說明。一位優秀的推銷員，與顧客交談時會引用許多的例子，在做商品說明時也不會依說明書，而讓對方看自己所收集的資料，介紹自己使用的經驗，和其他顧客使用的例子。

這是因為一般人對於身邊所發生的具體事例不會排斥，且好奇的緣故。

我在東京教育大學時，曾受過故野尻重雄先生（前東京教育大學榮譽教授、京都教育大學校長）的指導，他說：「不要只依教科書，而應以自己的體驗教學，倘若無法做到，就不能成為一位優秀的教育家。」

在日常生活中只要用心觀察，會發現許多值得自己學習的事。英國有句諺語：「無學問的經驗勝過無經驗的學問。」並非只有經歷大事才最重要，其實平凡中亦存真理，只要累積平凡的體驗，就可培養超越他人的說服力。

5 健康的心靈——愜意的中老年的生活方式

在經濟不景氣的情況下，退休後想再找工作實在相當困難。依專門處理四十歲以上的白領階級者轉行或再就職的勞動省所管轄的人材銀行表示，六十歲以上的人，想要再從事自己所希望的工作者很少。其中也不乏一些比較容易就職的人，他們不管是在服務單位或是做任何事都會全力以赴，工作意願高昂。

中老年者的再就職場所多半是小企業組織。如果這些人想以過去在大組織工作的散慢態度來辦事，則小企業將無法認同。曾有一位中小企業的經理對我說過這樣的例子。不久前，他們公司採用一位曾在大企業界擔任管理職務的人，其對應客戶打來的電話，完全不改昔日傲慢的態度，而令其他同事感到很緊張。其本人最後也因無法適應而辭職。

無法適應新的環境而喪失就業機會者相當多。倘若不能改變心態，則將導致無法對應狀況的悲劇。

往後，中老年者的人數將逐年激增，為避免陷入上述的困境，應如何著手?

那就必須依教育。亦就是自我啟發的教育。在東京馬拉松比賽時，瀨右選手克服障礙，二年後再度獲勝時，他的教練中村清先生曾這麼說：

「我的指導原則是培養選手積極向嚴厲且漫長的練習挑戰。為此，每日我還指導禪學和基督教教義，以期培養選手的精神。」

這正說明，培養自己能夠主動向問題挑戰的率直與自立的精神是非常重要的。現在的上班族多半只依上級的交待才做事，很少依使命感和責任感向眼前的工作挑戰。

消極的心態會喪失多面性掌握的能力，及適當對應狀況的能力。漠視這種現象，只一再增設就業輔導機構，是無法根除中老年者就業的弊病。

我曾在美國德州的瓦可地區，拜訪SMI總部的會長保羅•J•麥耶先生。SMI（Success Motivation Institute）是將自我學習的成功法則，製成各種錄音帶，以向全世界推廣的教育產業公司。

麥耶先生每早盥洗時，總是聽著自己製作的錄音帶，連開車時也不斷在聽，其態度令人佩服。他說：「每天早晨都必須激勵自己」，而強調反覆的重要性。

由於如此，我在盥洗、入浴或在事務所做單一性的工作時，總是反覆聆聽能夠提升工作意願的演講帶。

以後，我在演講時會介紹這種方法，結果與我相同、每天聽我的演講帶（『積極生活』）者日趨增加。其中有些人甚至將全部的內容都背熟，就有一人曾經告訴我說：「田中先生，如果您生病不能演講時，我可以代替您。」

最近國內興起一陣健康熱潮，大家都知道要食用健康營養品和每天做健身體操。但卻少有人呼籲、為了心靈的健康，要多聽錄音帶或閱讀有益身心的書。

為了避免陷入中老年者再就職的困境，從年輕的時候就應該自我充實。為了加強員工個人的能力，企業組織除了進行集訓之外，每天早晨也應該進行精神層面的訓練。

我每天早上都會至戶外散步，並且隨身攜帶收音機、一面聽收音機一面散步。即使是旅行，我也會帶著收音機。我覺得散步有益身體健康，而聽錄音帶有益心靈的健康。

我自四十三歲由日本經濟新聞社退休後，克服各種障礙，至今已工作十六年，這可能是得力於每天早上都施行身心健康法的緣故。

人的內心是相當脆弱的。當您與工作夥伴一起合力工作時，雖覺得自己活力旺盛，但有朝一日離開這個圈子而獨立生存時，將會倍感孤寂。

今後，退休後的日子將會比現在更長久。依賴心強的人，將更難適應這段漫長的孤寂。為此，我們應該努力培養自助的精神。反覆去做，以加強精神層面的訓練。

6 平凡的重要——良好的習慣會帶來幸運

M•托凱亞所著的『新•日本人已死』（日新報道）書中有句中國的古訓：「以天下為學府，以一生為學期，以齊世為學標。」世界各處都是學校，一生即為一學期，而學習的目標乃是解救世人。這段話確實值得每天為雜事煩心的我們深思。

在我們周遭所發生的每一件事，都可成為我們學習的目標。老天為每個人安排不同的學習環境與過程，因此世界是每個人的家庭教師。

由此看來，我們每天生活的一切體驗，都是為了鍛鍊我們服務社會的最大考驗。既然如此，生活中的每一刻我們都應該加以重視，即使是初認識的人，也可以透過與對方的交談來學習。

我搭計程車時，總會問司機「景氣好嗎？」這個問題。而他們的回答大約可歸納為三類：①「每況愈下」，②「普通、勉強過得去」，③「時運好轉」。

依據他們的回答，我會再追問：「您為何會這麼想？」因為我想瞭解司機先生對社會動態的看法，以及他們是根據哪方面的事實來判斷。有時，會聽到出人意表的看法，而令人大為感動。

通常，司機先生的回答都是比較沮喪的，唯前些日子，在東京的町田市所搭的計程車司機的看法有些不同。

那位司機說：「我對待年紀較大的乘客總是會比較親切。在車上，我會很專注地聽他們說話，至目的地時替他們拿行李。結果他們都很欣慰地表示，下次還要指定搭我的車。現在的老人雖有錢，可相對地也非常寂寞。有位老婆婆每個月大概花三十萬日圓搭我的車四處遊覽。由於如此，我才有機會能陪她到各地名勝古蹟，或是東京都內一流的名店。」

的確，世界是非常寬廣的。或許某處正有一位善心的客人在等待著您。

我們的一舉一動皆為世人所知，倘若經常以親切、誠實之心待人，則幸運將會接踵而至。

由於近年來傳播媒體發展迅速，想出風頭的人也愈來愈多。大家總是一窩蜂地希望自己的照片或名字能出現在電視畫面或報章雜誌上。

現在的年輕人多半膚淺地認為，能出現在電視畫面上是非常了不起的事。他們絲毫不自覺以是否有名來評估一個人是多麼地危險。

倘若這想法根植，則他們勢必會認為平凡踏實地做事是非常無聊的。

由於如此，從日常生活中去學習的精神將會式微，而逐漸忘記真理存在於平凡之中。例如人們都知道早起的重要性，但無法早起的人多半是由於已放棄培養嚴格規律自己的習慣。

日後的時代將持續低成長。企業的競爭也會愈來愈激烈。而競爭的最大籌碼乃在於能否持續為交易對象或顧客服務。也就是說，突破競爭困境的關鍵在於能否遵守良好的生活習慣。這意味著，目前日本受景氣低迷的考驗並非壞事。

持續高度成長的結果，許多日本人養成以自我為中心的處事態度。而忘了遵守做人的基本規律。即使已困擾他人也毫不在乎，導致整個社會形態逐漸崩壞。

而因低迷的景象，使得家庭、學校、工作場所重新檢討守規律的重要性。藉由這個機會，管理者應該將古來傳承的良好習慣，指導屬下，使其更加落實。

以當董事長的顧問為業、活躍六十年以上的田中要人先生曾說：「應該做的事情持續去做，公司絕對不會倒閉。」

第五章

感動的人生

人不一定會受情理所動，但卻會被心無旁騖，認真挑戰者的精神所感動。雖然暫時無法如願以償，但遲早會被他人所肯定。

1 心無旁騖——人為熱情所動

有時人未必會被邏輯的理論所說服。

相信讀者一定知道，在德川幕府末期至明治初期時，活躍於社會的有為人士之中，有許多是在萩地區的吉田松陰所設的私塾唸書的。

當時，在萩地區，有被稱為全國最好藩校，士族的孩子多半在此唸書，松陰設的私塾可說是相當簡陋的，但為何私塾卻比藩校人才輩出呢？

此乃因為學生受吉田松陰的德性所啟發。藩校的教師不過是教科書的說明者。只是依理論教書，是無法改變學生的。

由私塾的學生受到松陰的熱誠所感動這件事看來，證明人類確實會受到熱情和誠實的行為所打動。

即使是現代的企業也是如此。雖然管理者有個性，頭腦聰明，但缺乏感情時，屬下根本不願意服從，頂多只把該做的事情做好，其餘的就置之不理了。

可是有時雖不合道理，但平常總是很熱誠地與屬下談話，凡事以身作則的上司，屬下自然會服從。

在這個社會上，心無旁騖、努力做有意義的工作者，絕不會被忽視的。因為不知不覺中，這些熱誠者會受到愛戴。

在我以前住過的地區曾經發生過這樣的例子。有一天，不知從哪兒冒出一位青年在路邊空地搭了個露天菜攤。此地區的居民為了怕這位來路不明的青年向他們搭訕，都遠遠避開菜攤。即使天氣寒冷、臉部凍紅了，這位青年依然在那兒做生意，而到晚上便打開貨車上的燈以做照明，只要路旁有人走過，他都會很誠懇地問候，每天工作到很晚。

起初兩、三天，情況並沒有太大的改變。我暗自推測那位青年可能會放棄。

但約四天左右，顧客已有明顯的增加，再經過一週、十日，已見許多主婦都不曉得由何處騎腳踏車來這裡買菜。

一個月之後，只要到傍晚購物時分，他的菜攤前面一定擠滿一堆人。

我對於許多不住在這附近的主婦竟會騎車來這裡買菜的行為感到很不可思議。尤其是在他的菜攤附近，很早以前就開了二家菜店。

我問了幾位婦人才知，主要的原因在於那位青年誠實的態度。他雖然沒有資金開店，但工作相當努力。

現在，那位青年的菜攤已移到超級市場的旁邊，地方比原來大四倍，卻仍是露天。看著這位青年的生活態度，讓人感到努力執著的重要。不僅是我，即使是路過的人，無不在心中暗自鼓勵那位青年。

人們往往會被他人的熱誠所感動。看到他人拼命努力工作的態度總會心生敬佩。阪急的創立者小林一三，在他所著的『我的生活方式』一書中的「平凡即非凡」這項中這麼寫著：

「踏實去做平凡的事，以發揮平凡中之非凡的精神者極少。或許百人之中會有一人，但我覺得不可能有這麼多。

大多數的人都認為做平凡的事是不會有前途的，其實這種想法並不正確。只要肯花二、三年不間斷地去做平凡的事，相信日後一定會受到肯定，而掌握成功的契機。」

小林一三先生經常提倡平凡主義、勸人不要搶功或急出風頭。

就像前面所提到的青年一樣，由於他的努力與耐心，經於為他帶來信用與生意，相信不久後，他必能籌出開店的資金。凡事不要操之過急，只要有恆心、有毅力，成功的道路自然為您而敞開。

2 奉獻——超越自己

湯姆•瓦德森是世界知名的高爾夫球手。他不僅具有高超的球技，其偉大的人品，更吸引了無數的崇拜者。

他堅信的真理是「Through desire decision dedication, You will succeed」。凡事有願望、下決斷、肯奉獻，則成功不遠。

由於他奉獻的精神，令人覺得其不愧是一流選手。

他認為無論從事任何行業，都應該透過自己的職業來奉獻社會。

在我們的日常生活中，往往對自己的願望與決斷寄予高度的關心，卻不會想去奉獻。由於如此，做什麼事往往以自我為中心。

戰後，由於對戰前的軍國主義教育之反彈，國內的教育都掛上民主主義之名義，完全將過去的價值觀推翻抹滅。其結果導致主張自我權利，忽視盡己義務的社會風潮。

依目前國內的人口來看，明治、大正、昭和以後出生的人口佔全國人口的比例，明治爲百分之一・〇，大正是百分之七・五，昭和以後為百分之九一・五。若再分析昭和年代出生的人口，則昭和二十年（一九四五年）以後出生的人口佔全國人口的百分之七四・八。這表示全國約有百分之七十五的人口並沒有實際經歷戰爭。也就是說，百分之七十五的日本人是完全接受戰後的教育。

倘若告訴現在的年輕人要行孝道、尊敬長輩、做事要正確並做報告等，他們一定會感到很厭煩。而露出一副「做不做是我的自由」的態度。因此，根本不可能向他們宣揚奉獻的精神。再者，倘若如過去一般，只要年輕就有工作做的話，那麼難免更助長年輕一輩的自我本位思想。

為了改善這個事態，有些人認為，目前不景氣的狀況正是最佳時機。假使景氣持續低迷的話，則太自私的人將不受歡迎。反之，社會將對於熱誠奉獻者，提供更寬廣的生存機會。經濟環境競爭愈激烈，愈更彰顯此事實。

我前些日子搬家，遂委託常在電視上廣告的專門搬家公司。搬家前一日，該公司的正職人員帶領著幾位打工者前來打點環境。我則一面幫忙、一面觀察他們的工作態度。

正職人員果然非常盡職，遇到任何問題都會遵照我的指示去做。但有一名打工者，老是在背後抱怨，「哎，我不知道東西會這麼多，看樣子無法在規定的時間下班了」。他始終露出不悅的表情。由於已超過預定的時間，但東西尚未整理完畢。於是，那名男子以大家都能聽見的聲音說：「什麼時候收工啊？」他這句話，傷害了我因大家工作這麼晚而感到十分抱歉之心。那位正職人員似乎也不太高興的樣子。我心想，這位屢屢抱怨的男子日後可能會被解雇。其實，不管是整個社會或是工作夥伴都不可能會喜歡只主張自我的人。

另外，在搬家後的十二月三十日，因電視畫面不清晰，所以請附近電器行的老闆來修理，而他的態度則讓人很欣賞。

由於那是元旦的前一日，我不好意思打電話請他幫忙，但他卻說：「為了讓您明天晚上能欣賞紅白兩隊的歌唱大賽，我現在立刻趕過去」。不僅如此，他還兩度回店裡拿零件，一直至晚上十一點左右，才將電視修好。果然，電視的畫面十分清晰，全家都非常興奮地感謝電器行老闆的辛勞。

為此，家人對這位老闆的印象相當良好。他們表示以後所有的電器用品都要到這家店採購。人總是會對超越自己而為他人奉獻的精神所感動。至於那些依工資工作或是多做一些事就覺得自己吃虧的人，將慢慢不受世人所肯定。

不因工資而影響工作態度者，必受上級重視。這個社會絕不會漠視認真工作、開朗誠實者。讓我們「拋棄自我本位，而奉獻自己」吧！

3 真誠感動人——成功的條件

我經常在推銷的研習會上，進行開放式的演講。討論的主題為「我的推銷成功事例」。讓學員們各自發表三分鐘，談談他們的成功經驗。

由於所說的例子都是真實的，故很容易打動人心。其實成功是有共同的要素的，那就是，擁有經常令人感動的熱誠。

只要每天都準備為對方所調查的資料，並保持親切熱誠的態度，相信不久後，對方一定會說：「我已心服口服」而簽下契約。

也有大型的競爭公司早已先去交涉，且亦有相當程度的進展，但最後客戶卻被我的誠意所感動，而與我簽了契約。

即使沒有事先預約，突然地拜訪而被拒絕，也不要因此而受挫，只要覺得有希望，仍應該天天去拜訪。當時，對方被我努力不懈的精神所打動，說：「若我的公司裡能有像你這麼熱心的員工，即使一個也值得了」。目前，他是公司最大的客戶。

這些都是推銷員的熱誠打動對方的例子。

聽了這些推銷員的例子，讓我切身感覺到，若無誠意與毅力，推銷事業是無法成功的。

在我喜歡的書中有一本是『如何在販賣交涉中獲得成功』（法蘭克・貝特佳著）。

這本書是一九四九年以來，在美國所出售的暢銷書中，最具爆發性的一本，被譽為推銷員的聖經。

原書名為『I Raised Myself from Failure to Success in Selling』，內容描寫一名原十分落魄的壽險推銷員，最後成為全美最偉大的推銷員的經過。

作者貝特佳過去曾擔任職棒聯盟聖路易斯・卡帝那隊的三壘手，其充滿鬥志的運動精神，如往年的長島一般，擁有無數的支持者。

可是由於手腕受傷的緣故，必須退出球界，失意之餘遂回到費城。

他曾從事過許多行業，最後都失敗，之後轉為壽險的推銷員。當他回憶過去時，發現推銷業務其實與打棒球相當雷同，必須全力以赴，擁有熱誠。

結果，他的業績果然蒸蒸日上。

貝特在書中這麼寫著：「我做了三十二年的推銷員，在這當中，看見許多推銷員因秉持著熱誠，而使收入增加二～三倍。我一直堅信，若欲使推銷成功，熱誠是不可或缺的最重要的因素。」

熱誠是屬於精神上正面的能量。這種能量必須每日由自己努力去製造。以下提出幾種方法。

第一，即為貝特佳所提倡的，「欲成為熱誠者，必須採取熱誠的行動」。也就是說，以熱誠的態度面對日常的一舉一動。因為我們會依自己的行動而改變內心的狀態。

早晨醒來的第一刻起，就要充滿熱誠。告訴自己「今天都要保持活力與朝氣」。不要賴床，迅速起身敏捷地活動。用開朗的語氣向家人道「早」。此時，內心自然會產生幹勁。每天早晨必須養成這個習慣，一旦習慣成為自然之後，內心必會湧出熱誠之情。

第二，以熱誠的態度對待他人。在我們的周圍有不少熱誠之人，與他們交談中，不知不覺會傳染那些人的熱情。當我們失意或沮喪時，應該與他們多接觸。

第三，閱讀激勵的書籍。成功的人，多半是憑著一股熱誠，克服障礙而成就大事的。他們的精神值得我們效法。

所謂「學習」即是指「模仿」。也就是模仿偉大人物的行動。

總之，儘量以熱誠之心對待別人。

4 惜緣——改善人際關係的竅門

前些日子，我搭計程車回家，司機是少見的女性司機。可能她必須負擔家計吧。聽說她的前一份工作是當卡車司機，由於需要經常在外過夜，怕孩子在家寂寞，遂轉行當計程車司機，至今已做了一年半了。

突然間，由駕駛座傳來電話的鈴聲。

「是，我就是。昨天真是太謝謝您了。……嗯，我現在正開往那方向。若要開到您那裡可能得需三十分鐘。……可以嗎？好，那等一下見囉，謝謝您啊！再見。」

這似乎是與另一位客人的對話。於是我好奇地問：

「司機小姐，那是否是車內行動電話？您們公司的車內都裝置這種電話嗎？」

「不是，這是我自己裝的。雖繳基本費也頗為昂貴，但像剛才那樣，我可以隨時接到客戶的要求，所以雖為女流之輩，也勉強能夠維持生計。另外，孩子們也可以在家中與我連絡，這樣我也比較放心。

先生，這是我的名片，請多照顧。」

在她的名片中間印著很明顯的電話號碼，其下則印著極小的她的名字。

我很佩服這位司機的體貼與認真。覺得自己的熱誠實在比不上她。日後我也成為她的顧客之一。

由於服務的態度與幹勁，遂能將第一次見面的客人拉攏成為常客，這點確實值得我們深思。

因為她擅用頭腦，所以即使是開計程車也是一項很好的事業。由於她肯定自己的工作和生活，因而能珍惜與乘客相遇的緣分。

假如全國的計程車司機都能像這位女性司機，肯多花一些錢來招攬顧客，並重視人際關係，以開朗的態度來對待他人，則這對乘客而言，實是莫大的福音。

不僅是計程車行業，凡從事需與他人接觸的行業時，都應該站在顧客的立場為對方設想，謹言慎行，如此這個社會才能更加詳和。

今後，人與人接觸的機會會增加。此乃因為就業社會多半傾向於服務業。因此在日常生活中，若缺乏他人的幫助將無法順利生活。

例如以自營業為主的農業，已無法單靠自我作業來營運。目前的社會已邁入相互協助，以發揮自我所長的時代。

然而，雖與他人相處的機會愈來愈多，但是家庭或學校裡，並無教導孩子們如何與他人接觸的課程。

尤其是最近，核心家庭愈來愈多，孩子與祖父母相處的機會幾乎極少。過去，由於三代同堂的家庭較多，因此祖父母可以教導孩子這方面的道理。

我在新進員工的研習會上，常會先問在場的員工，「你們當中與祖父母同住、或是家中經營商店的人請舉手」。大體而言，每次舉手的人數大約十名左右。然而，我總會仔細地觀察他們的言行，發現他們共同的特徵是，人際關係比較好，且研習的態度也比較認真。

這點使人切身地感覺到，家庭環境是否重視人際關係對孩子的處世應變能力，有很大的影響。

在一次公家機關的職員研習會上，我發現一件事實。就是由學校畢業後，曾在民間企業服務過的人，態度會比較親切，尤其是從事多年推銷業務的人。

最有效果的人格教育的方法，是直接去接觸競爭激烈的社會。在核心家庭中被寵大的青少年，應該多入社會接受磨練。

5 有志者事竟成——模仿成功的體驗

糸川英夫先生曾在日經新聞主辦的新入員工教育研習會上，說了一句發人深省的話。他說：「學生時代的抄襲是違法的，可是踏入社會之後，對於他人的優點長處應多多抄襲」。

所謂「學習」就是「模仿」，亦就是指學習的基本在於模仿。

我常至全國各種企業組織擔任員工教育輔導員。依我的經驗所得到的心得是，公司都有公司相，就像人有面相、手相一般，公司相也有好壞之分。

決定公司相的關鍵在於員工平日的學習態度。如果員工們積極效法他人的優點，必然能於講座中汲取他人的成功經驗。而且員工的態度會很敏感地傳達給講師。

況且公司相良好的公司，能讓公司外的人士產生好感，因此業績自然蒸蒸日上。

這正說明，成功的人或公司，其積極向對方學習的慾望非常強烈。倘若能經常模仿他人的優點，日久自然能從中發現成功的秘訣。我經常告訴孩子，「你們要多和比自己優秀的朋友交往」。此理由是希望他們能多向他人學習。

據說被稱為夜蝶的酒吧女公關，剛起步時都要先服務於一流的酒店，與優秀的女老闆、前輩、客人相處，以磨練自己。人是否能成功，環境因素的影響很大。包括父母的所有社會中的指導者，對教育莫不投入龐大的資本。

以前年春天才成立的健康食品公司為例。這家公司的董事長認為，企業能否成功在於教育，因此，每日為了銷售代理店的研修課程，不停地在全國各地推動奔走。

而這位董事長所採取的行動是，熱誠地向學員們談論自己的經驗及成功的秘訣。

而後，並邀請該地區的家庭主婦兼代理店的職員談談他們個人的心得。起先他會詢問對方從事這行業的動機、如何說服她的丈夫，或其中哪個問題最棘手，如何去克服危機，及有關日後的展望和希望的收入如何等。

當對方坦誠回答的過程中，座談會的參與者往往會訝異與自己無異的家庭主婦，竟然能達到如此優秀的業績而感到相當佩服。

這位董事長總是以此方式，邀請活躍於代理店的優秀員工，詢問他們同樣的問題。如果某一地區無代理店，則由其他地區的代理店邀請約十名左右的優秀經營者，至座談會現場談談他們的工作心得。最初，參加者總是有些懷疑，但隨著時日的經過，他們則非常相信只要自己肯做，凡事一定會成功。

這位董事長的教育方式乃是讓參加者模仿成功者的行為。確實，只要能認真模仿他人的成功經驗，經過一段時日後，的確能與其他的前輩一樣邁向成功之路。

一年前，一位主婦月收僅五～六萬日圓的工資，在其成為推銷員的一年後，月收為五十～六十萬日圓，整整增加了十倍。我於這家公司的研習會上發現十幾個這樣的例子。其中最主要的原因乃在於他們謹記董事長所說的話。更有趣的是，他們之中也有人仿效董事長的習慣。

其實，這種教育方式可適用於各公司早晨的集會中。

董事長或上司可邀請業績良好的員工至台前談談他們的經驗與心得，以這種非正式性的方式，不管該員工多不擅長講話，也可以在比較輕鬆的情況下，說出自己的想法或技術。

還有更重要的一點是，讚美員工的優點，讓員工們能獲得被他人肯定的滿足感。

人們總是會樂於去做受到他人讚美的行動。自己模仿自己良好的行動，乃在於該行動受到他人的肯定。

在這個社會中，好的行動應該互相公開，接受讚美。唯有積極建立包括自己本身也能相互模仿的態度，如此才能掌握成功的契機。

6 為他人工作——勤勞者必受重視

被譽為世界上最勤勞者的日本人，最近已有愈來愈懶散的傾向。所謂懶散是指不遵守應守之諾言，生活態度不規矩。尤其在社會道德方面，情況更是日趨惡化。

前些日子，我在德國的一家旅館，發現有一群日本人的旅行團聚集在大廳，其中有好幾個人竟在不能抽煙的地區抽煙，這使我感到很訝異。

這個現象表示現在的人多半不會去顧慮到他人，總以自己的便利為優先。如果這樣的人擔任推銷員會如何？相信他們一定很隨便就與顧客妥協，然後再向上級報告，說是因為拗不過顧客的要求。

因此經營銷售的公司，為避免推銷員染上懶散的惡習，總是會事先設立完善的規則。首先，希望員工能提早上班，以參加在固定時間內所舉辦的朝會。在朝會中，為了訓練推銷員說話的技巧，會讓他們輪流做二～三分鐘的演講。說話的方式簡潔明瞭，才能提高推銷員的素質。

至於演講的內容，以推銷員本身實際的體驗為主，聽衆較容易接受。尤其是成功的體驗，會提高聽衆的工作意願。

以指導者的立場而言，指導屬下最須注意的重點是「為客戶積極地工作乃是銷售的基本」。每天早上，應該將此列為推銷的行動原理，反覆強調。

以現在大多數的人的行事態度來看，多傾向於敷衍、自我本位。由於如此，推銷員應該牢記，經常為顧客服務才是最重要的。

在德國，依型錄郵購非常盛行。依專家指出，其理由之一乃是百貨公司的員工之素質日趨低下。

百貨公司的員工態度不親切，早已是東西方都存在的問題。這正表示他們不喜歡為顧客服務。

在瑞典的斯德哥爾摩，有一家北歐最大規模的百貨公司「NK」。以下是我在該處的文具廣場所發生的事。由於當時我身上沒有當地的貨幣，想用美元付款卻被拒絕。就在進退維谷之際，有位結帳的女店員拜託排在我後面的顧客至別處的收銀台，而她親自帶我去貨幣兌換處。由於如此，我才能順利購物。

當時，我非常感謝那位肯親自為我服務的女店員，因而也對NK百貨公司產生良好的印象。以後若是談到有關瑞典的事時，總會令我想起這件事。

若推銷員能夠誠心地為顧客服務，即使客人並沒有購買東西，但也一定會謹記在心，只要下次一有機會，必定會想起那位推銷員。

某公司的A經理對於任何來拜訪他的推銷員，總是很熱誠地歡迎，不僅請他們喝茶，還仔細地聆聽他們說話。因此對推銷員而言，遇到A經理如同在沙漠中獲得甘泉。

但是A先生說：「過去我所碰過的推銷員，多半不會再做第二次訪問，也沒有人打電話來道謝或寄感謝函。」

唯有一人例外，那就是某事務機器販賣公司的B先生。自從某次他突訪A先生之後，就經常帶著有關影印機、傳真機、電腦等新的資料去拜訪A先生。

雖然A先生還尚未向B先生購買任何東西，但不知不覺中已成為B先生的支持者。關於這點，A先生曾在某雜誌上發表說：「我非常榮幸能認識像B先生這樣的推銷員，如果有公司想購買影印機的話，找B先生一切就可以解決。」

A先生是我的親戚。他為何肯在雜誌上介紹一位推銷員呢？相信一定是B先生「為顧客工作」的態度打動了他的心。

第六章
正直的生活

縱使挫敗，只要能完全燃燒自己，哪怕世人的評價如何，對自己而言都是一種莫大的收穫。倘若未能發現心中的寶物，那人生不過是一片荒蕪。

1 人生百年之計——全力以赴地生活

現在正式邁入壽命革命的時代。由於生活環境的整備，食事的改善，醫療技術的進步，人的壽命已逐年增加。甚至有學者表示，現代是人工壽命的時代。人生僅五十年已是戰前的說法，現在已是人生百年的時代了。

可是大多數的人仍認為人生的歷程不過只是五十年。但在生命一直延續的過程中，我們不斷地修正這個觀念。

而受害最大者乃是已經退休的人們。因此他們尚未計劃在退休後的三十～四十年之間，應該做些什麼。

戰前，沒有一個人料想得到，目前日本人的平均壽命是世界最高，每個人幾乎可活到百歲。因此，在人的壽命突然倍增，卻毫無準備與計劃之同時，誰也無法責備誰。今後的日本社會可能會發展以百歲為計劃的系統。

目前，企業界普通的退休年齡為六十，甚至也有延長為六十五歲的。

但像美國那樣，想要一口氣將退休年齡延長至七十歲，在企業界而言，似乎是不可能的事。有些企業是依年功序列型的薪資體系，甚至希望加快退休年齡。

基於上述的問題，想依企業界或公司單方面來協助人生百年的計劃，恐怕是相當困難的。由於國內的上班族多為依賴他人型，所以日後碰到問題，因不諳技巧，想靠自己來解決問題勢必相當困難。

因此，以下粗列幾項面對新的人生的心理準備方針。

第一，儘快擁有自己的人生目標，並慢慢付諸行動去達成。若目標極大可分為幾個小階段，一個階段一個階段慢慢去實行。其實若是自己喜歡做的事，大致上都可實現。總之，必須持之以恆，為此，計劃必須合理。

第二，避免太在乎他人的眼光，而忘了自我本身的需要。人生百年大計需要由自己來規劃藍圖。因此在設計時，必須使用自己的量尺。如果借他人的量尺來衡量自己，估計必定產生誤差。總之，不管他人的評價如何，自己應該掌握住正確的依據，凡是社會所提供的條件，都可以善加利用。

第三，不要對過去耿耿於懷。人年紀愈大愈喜歡看以前的照片，其實這是一種危險的行為。因為太沈溺於過去的回憶，將會使腳步放慢而無法前進。

如果您的房間全擺放著過去打高爾夫球比賽時所獲得的獎杯，那麼應該儘量將其擺在較不醒目的地方。另外，關於未來的計劃表或是自我期許的形象，則可畫圖明顯地張貼。無論如何，應多給自己精神上的鼓勵。

尤其在退休後，這點非常重要。喜歡緬懷過去的身分與地位，而什麼事都不想做的人很多。其實，人不管活到幾歲都應該全力以赴地生活。

第四，人生的計劃要遠大，以期能一直持續強烈的意願。不必擔心計劃做不完。試想在他人的惋惜之下，壯志未酬身先死，總比被認為某人活在這世界上是多餘的來得好。藤山一郎先生的偉大即在於此。

在重要的關頭時，應該要大膽去做決定。所謂有志者事竟成。

據說我們所擔心的事，有百分之八十是不會發生的。那麼與其因為不安而耗損負面的熱量，還不如努力去掌握眼前所應該做的事，使正面的熱量得以發揮。如此才能活得心安理得。

無論我們活到幾歲，都應該向自我挑戰，以激發潛在的能力。不曾開發自我，而迷迷糊糊過一生者，豈不可惜。

縱使挫敗，只要完全燃燒自己，不管他人評價如何，也有所收穫。這正是生活的態度。

2 發掘潛在的自己——人生中最有意義的決定

在這個世界上，成功的關鍵在於能否依自己的興趣而下決定。大多數的人都認為，成功的要因在於學歷、家世或是職業高低者，其實這種觀念是錯誤的。

有些人接受優秀的學校教育，擁有豐富的才能，但缺乏自主性的行動力，因此終其一生平淡無奇者甚多。

關於此點，曾在『週刊文春』中所介紹的川上柱次郎先生，在其後半生專心致力於發揚自己的特技的生活模式，非常值得我們學習。

川上先生於一家紙品批發商服務達二十七年，退休時，公司方面希望他能去子公司擔任會計部長，但遭川上婉謝。

川上認為，自己的後半生應該由自己去決定——退休後，想依自己有興趣的吹口琴來謀生。

川上先生從小學時代就非常喜歡吹口琴，戰爭時，即使遠赴中國出征，口琴也絕不離身，當有團康活動時，他總是自願表演吹奏古賀之歌。

然而，他終究只是業餘的表演者，因為不識五線譜，連向專業技師請教的勇氣也沒有。但他仍不放棄吹口琴。在三十六歲那年，雖已有四個孩子，但仍鼓起勇氣向著名的口琴演奏者佐藤秀廊先生學口琴。由音樂的基礎開始練習。五年之後，已可代替老師指導他人。

他為了發揚自己的技術，故改走專業之路。

退休後的他，擔任媽媽教室及成人教育的講師，同時也是樂器行，百貨公司所舉辦的宣傳活動的演奏家。

川上先生老後多彩多姿的人生，是緣於三十六歲時決定正式學口琴所致。因主動採取行動，人生因此產生變化。只要持續向前，努力追求目標，遲早會有成果。

另一位在音樂界也非常成功的人物，即世界少有的口哨演奏家安田潤先生。

他是安田財閥的一員，從府立一中考上慶應大學，畢業後於安田系的公司工作。

在中學時期，有次他在回家的途中聽見一位工人在吹口哨，吹得極為美妙，在深深被吸引之下，他開始練習吹口哨。

某日，他聽收音機時，突然聽見美國吹口哨高手佛萊特•羅利所吹的『印第安情歌』，才知道原來吹口哨也可成為獨奏的音樂。

由於他太太的鼓勵，在未告訴公司的情況下，他以兼差的方式，至夜總會表演。之後，因通過ＮＨＫ的甄試，才成為日本第一位口哨演奏家。當時他四十七歲，對一位上班族而言，這正是年富力強的時期。以後的二十五年期間，安田先生經常在電視、舞台、電影中表現口技，至七十歲時仍四處表演。

雖然安田先生可依安田財閥而無憂地過生活，但他仍決定依自我的興趣來創造人生。在世界上，每個人都擁有唯一的特性。能儘早發現特性，加以培育以貢獻社會，乃是人生中最幸福的事。

今後，在這個社會中，所謂的成功者將不再是擁有龐大的事業或大富翁之類的人了。能依自己的興趣、全力以赴，充滿自信，對社會有貢獻者，才是未來社會的成功者。

無論多微小的事情，只要自己有興趣，能做得比他人好，就應該大膽下決定全力以赴。能投入於自己有興趣的事中，不在乎時間盡情去做，可說是人生中最幸福的事。人生本來即由瞬間累積而成，充實地過每一刻，每一日的時光，人生才有意義。

還未發掘自我潛能者，由此刻開始還未太遲。倘若不願意發掘自我潛能而努力去實踐者，人生將不會幸福。

3 熱衷喜好——不要太在乎別人的眼光

曾在NHK播出的電視連續劇「阿信」，播出時佳評如潮。山形區的貧農之子阿信，處在惡劣的環境中，仍默默地努力奉獻的精神，打動每一位觀衆的心。

在一九六〇年代左右，多數的日本人是認命的，無法依自己的興趣選擇人生，總是必須向現實的生活低頭。

看我週遭有關讀高中、大學，也就是一九六〇年代左右的同班同學的通訊錄時，發現他們多半於中小企業就職。因為大企業能夠大量採用新人，乃是在六〇年代以後的高度成長時期。

最近的畢業生在選擇職業時，往往會調查該企業的安定性、成長性等條件，合乎自己的要求時才會做決定。

目前六〇年代以後的日本人，絕不可能擁有像阿信般為生活而努力的精神。所以當看到阿信的境遇時，才會產生共鳴，而覺得現在的學生們生活環境實在太富裕了。

前些日子，我受某企業的邀請參加該公司的研習會時，主辦者曾對我說：「今年春天，新進的五十名員工一起進行集訓時，我要求他們攜帶運動鞋，而令人吃驚的是，他們所帶的運動鞋種類竟然都不相同。當五十雙不同種類的鞋子一起擺在玄關時，讓人深深地感到，能依自己的喜好選擇自己所喜歡的鞋子是多麼幸福的事。」

回想起戰爭剛結束後，不管多麼寒冷的雨天，也必須光腳上學的六十幾歲的人們，總是擔心物質豐富的時代是否帶給年輕人好的影響。

現在的人多半注重物質享受而忽略精神上的生活，為了避免年輕人受到壞的影響，父母本身應以身作則，多留意子女的行動。

像我至各地演講時，總有人會問我有沒有上電視節目，這正表示他們被認為出現在電視上才是一流人物的單純價值基準所左右。尤其是在年輕人當中，這種感覺最強烈。

山田太一先生所著的『早春的寫生簿』曾改編為電視連續劇，而引起相當大的迴響。其中有一場面是病弱的主角，對於來探病的前妻生的孩子所說的一段話。

「有自己喜歡的嗜好是很了不起的噢。」

「搖滾樂和漫畫也算嗎？」

「是啊！什麽都可以。能擁有自己的嗜好且了解其中的奧妙是非常重要的。由於如此，精神才能提升啊！無論是漫畫或是搖滾樂都可以深入研究。」

「（點頭）」

「認為什麼事都太無聊，而不去關心的人，這些人的精神是乾枯的。心若乾枯則無法喜歡事物。」

「（點頭）」

「例如像小孩子喜歡收集啤酒蓋或果汁瓶蓋，在大人看來這種行為可能很無聊。大人總認為應該把那些時間用來唸書，覺得這樣才有意義。」

「（點頭）」

「但這種想法是不對的。只要能熱衷一件事。全心全意地投入，才是培育心的方法。這比起只是功課好要來得有價值。」

聽說最近新進員工評估同事或學校、都以社會評估為基準。因此畢業於社會評價較低的高中或大學的員工，往往不敢說出自己的母校。

這正是以世人的量尺來衡量自己的生活模式。

其實，我們應該拋棄這種生活模式，重視自我的內在價值。真正豐裕的人生是能熱衷於自己喜歡的嗜好，進而貢獻社會。凡事不要太在乎別人的眼光。

4 當老闆的願望——廣結人緣

現在的小學高年級至國中的孩子們，希望將來從事的職業多半是「自營業」或「商店的經營者」，也就是他們都希望能當老闆。前些日子，在一場東京都內幼稚園經營者的聚會中，也有人談到現在有些幼兒也期望自己以後能當老闆。

擁有「想當科學家」、「想當政治家」、「想當大公司董事長」的雄心壯志的孩子，現在已經很少見了。

這可能是父母的願望反映在孩子身上的現象。在物質充裕的情況下，許多擁有中流意識的日本人已開始擁有「實現自我」的欲求。的確，在公司或機關團體上班族，往往會受到各種束縛，而無法過自由的生活。由戰前至戰後三〇年代（一九五〇年）左右，大多數的日本人都必須為了維持生計而努力工作，即使受到束縛也不覺得苦，更遑論抱怨了。

我是在一九五八年面臨就職問題的。在這之前的三年中，景氣甚差，許多畢業的學長們都為了要找一份能正常領薪的工作而大為苦惱。見此現象，我才切身的感覺到即使大學畢業，要找一份工作也相當困難。所以當我通過百人才錄取一人的難關而獲得工作機會時，內心感激萬分，即使三十年後，這份感覺仍很深刻。

在就職的二十年當中，我與諸位前輩拼命工作，相信唯有努力才能生存。因此積極進取，向每個未知挑戰，以累積新的經驗。為守公司的方針，也常常犧牲自己。當時，也曾想過若辭職該有多好。無論如何，在二十年的工作生涯中，確實都很勤奮，也認識許多人，使我擁有良好的人際關係。

可是服務滿二十年之後，我下定決心辭職。當時，家人，許多屬下、同事、前輩、上司都勸我不要辭掉這份工作，而且突然要放棄工作二十年當中，每個月都可以支領的固定薪水，其不安定感也是非常強烈的。

唯一能克服這些不安定感的力量，是我強烈渴望能獨立成為社會教育家的自我實現慾望，以及在二十年當中，所培養的人際關係。

獨立後經過十六年，發現倘若缺乏自立的使命感，獨自一個人奮鬥是相當困難的。本來自營業就是需要長期的努力才能獲得肯定。

至少，在最初的三年期間，必須擁有比上班族多好幾倍的努力才行。

通常，過完全沒有社會地位的生活，必須經過三年之後，人們才會開始評估其本人的自主復甦的能力。

許多上班族或婦女們總在閒聊時會提到，「想擁有一家自己的店」，其實這是為了逃避現狀所致。但若為了逃避而渴望獨立，其往往不會成功。其實，獨立後不論是在精神或肉體方面，都必須比上班族的生活更努力。而且經常會碰到意想不到的事情。

依我本身的經驗認為，倘若缺乏我不做這工作、可能沒有人要做」的創造性精神，及強烈的獨立願望，和能夠相互支援的夥伴，則獨立將不會有成果。

最近，常會接到想獨立創業者的諮詢。那時，我總會問他，「今年您收到多少張賀卡」。如果對方回答是三百張以下時，那麼獨立創業可能很困難。

不管從事何種職業，只要是獨立創業一定與做生意有關。而做生意首重人際。人際關係的好壞可依賀卡的多寡來判斷，若賀卡為數十張以下者，則肯定會失敗。

因此，我力勸想當老闆的人，應從現在開始，積極拓展人際，直至能收到三百張賀卡為止。努力去認識他人，並持續維繫彼此的友誼，而不是只見一次面後就互不往來。

凡是上班族者，必有退休之年，其不管是否再就職，最後終須一人獨處。若有堅強的意志，想做的事情和衆多的朋友，則當老闆是遲早的事。

總之，不焦急，不休息，不放棄，努力拓展人際才是最重要的事。

5 與身分相稱的生活方式
——自我抑制的心態

因職業的關係，我搭新幹線時會選擇綠色頭等客車。這樣我可以在車上寫稿。大約一個禮拜左右搭一次綠色車，但最近發現搭綠色車的乘客有些轉變。

第一，商業人士減少，無領階級者大增。前些日子，至餐車時，看見一位大企業的經理坐普通車廂。因我與他極熟，故想搭訕，但看對方緊閉著雙眼，所以就假裝沒看見的走過去。這個人可說是屬於日本企業擔任管理職務的人。按理他應該坐綠色車箱的。由此可知，現在的企業界競爭多激烈。

第二，年輕女性增加。依過去的經驗來看，女性並不適合坐綠色車箱的，而現在卻大增，且她們還在車上悠然地抽煙，讓人覺得這世界確實已在改變。

當然，只要肯花錢，任何人都可以搭綠色客車，但以前大家有強烈的身分等級意識。即使有錢，年輕人也不會貿然搭綠色客車。

但現在的情形已完全相反。即中老年人很客氣有禮貌，而年輕人則橫行霸道。由戰後出生的人口占日本總人口的百分之七十五。因此從人口稠密時代出生者及他們所生的小孩所形成的戰後派的消費能力是非常驚人的。

由於如此，賣方對他們相當客氣。因此更助長年輕一代驕橫傲慢的氣息。

前些日子，有家中小企業的董事長向我抱怨說：

「今年春天，我們錄用許多大學畢業生，但他們尚未把自己的工作做好，便無理地要求說：『董事長，我想要分期付款買車，您可否調薪以讓我可以繳得出貸款。另外，公司可以規劃停車場嗎？』因為對方的要求太過分，我忍不住罵了他，未料他卻頂嘴說：『這麼小氣的老闆，哼！我不做了。』現在的年輕人，實在太任性了。」

的確，強調自我主張的年輕人，最近已明顯地增加。

廣受明治時代的年輕讀者喜愛，由斯麥爾斯所著的『自助論』中，強調人生活應該要有志氣。因此，在明治時代擁有遠大志向者，總是拋棄自我的慾望。結果，當時雖受歐美列強的強大壓力，但國人仍可在短期間內，建立富強的國家。

反觀現在的年輕人，總是缺乏自我抑制的態度。這個現象可能是由如下三種理由所致：

第一，戰後教育的缺失。由於錯覺自由主義教育的方向，國人傾向只主張自我權利，卻缺乏履行義務的責任心。大家都遺忘本來應該做的事，及避免表裡不一地做事的重要性。

鈴木健二先生所著的『周詳地顧慮他人』之所以能成為暢銷書，全然是因為目前的時代背景所致。

第二，家庭教育不健全。古來，在日本，對孩子自幼小就有教養三原則：①寒暄、②回答、③善後整頓。此乃培養幼兒養成自我抑制的精神。

可是在目前的核心家庭中，多半不會嚴教孩子培養良好的習慣。因此，青少年問題的根源，乃在於家庭教育的缺失。

第三，即分期付款與信用卡的發展。只憑一張信用卡，就可以購買自己喜歡的東西，忍耐而不購買的行為，如今反而被視為怪異。

聽說現在全國的高利貸業者比麵攤還多。連超市也計劃朝貸款業進軍。因此，「衡量收支」的家計基本已徹底地崩潰，沒有現金就辦分期付款的生活型式大盛。

對於日漸喪失自我抑制力的社會風氣，國人已不能再袖手旁觀了。目前，我們正面臨再次依據正確的倫理價值觀，來衡量相稱於自我身分的關頭。

前年，在東京所舉辦的第一屆世界生產性研討會上，著名的文化人類學者列維•史多羅斯曾說：「以人類的問題而言，用量來表現生產性的問題已經落伍」，而提議人們應該重新探索新的生活模式。這正表示，創造與自我本身相稱的生活模式的時代已經來臨。

第七章

挑戰性的生活

想要磨練自己，向外在的條件挑戰和積極地生活，就必須擁有競爭的對象。因為競爭對象是自我努力的目標，也是未來的自我形象。

1 良好的競爭對手——活力的泉源

我的長女曾在音樂大學攻讀被稱為西洋洞簫的簫笛。她在國、高中唸的是音樂大學內附設的學校，在那段期間當中，班上同學都無人專攻簫笛。沒有競爭對象互相切磋琢磨，自然不會熱衷練習。可是上大學之後，從外校轉來一位優秀的學生，在遇到競爭對手之下，她開始拼命練習。這全然受到「不想輸給對方」的心態所驅使。

其實，在公司裡也應該擁有競爭的對象。如此才能激發競爭心、以求上進。

朝日新聞社的某幹部因喬遷之故，各至當地的朝日、讀賣、每日、日經等報紙的營業處申請訂報，結果只有讀賣店的老闆前來與他確認如下三個項目：①這地區的送報時間約五點半左右，是否會造成不便？②報紙是否投入信箱即可？雨天需不需要放入塑膠帶？③收報費的日期訂在每月何日較好？

其實，針對報社的服務品質而言，這麽做是非常重要的，因此，那幹部在某次朝日新聞員工會議時便提出這一點，告誡員工們服務的態度絕不可輸給讀賣新聞社。

最近，公家郵局的窗口服務似乎已有改善。有時，在其他公家機關仍無法感受到如民營企業般熱誠服務的態度，而令我們覺得羞愧。尤其是民間快遞公司的出現，大大改善寄送包裹的服務。例如已開始販售包裹箱，寄件數目多可以打折、擴大隔日遞送區等，為此，公家機關應該迎頭趕上才是。

前些日子，我從東京車站搭計程車回家時，那位司機先生告訴我一件事。

「我是廣島隊的球迷，故偶而會至後樂園替他們加油。但我的兒子是西武隊的球迷，所以經常要求我帶他去所澤的西武球場，前些日子，我到西武球場一看，感到非常驚訝。我發現他們的球場相當乾淨，椅子坐起來也很舒服，而且還有煙火表演等活動，孩子們都百看不厭。我對他們周詳的服務感到很震驚。」

聽了這位司機的話後，我似乎可以感受到西武隊對中央聯盟的競爭心及對巨人隊的競爭意識。我覺得這是很好的現象，因為沒理由一直讓巨人隊獨占鼇頭。由於擁有競爭對象，個人與企業才能產生強烈的幹勁，不肯服輸。為了爭取勝利，必須擁有競爭對象。不管是人或組織，一旦喪失競爭對象則會缺乏活力。

喜歡孤獨的密室型人物，終會落於人後。就像在毫無競爭對象的公家機關工作一般，久而久之自然成為缺乏朝氣的人。尤其，我們必須自覺，日本人是由於外在的條件不同，行動方式也會有所改變的民族。

新渡戸稻造學者在其著書『自警錄』中曾介紹過這樣的的事實。

「我問某軍人在滿州的戰場上，日俄兩國的士兵之優劣如何？他回答說：『俄國人認為生死憑藉神力，工作或不工作都為了神。由於如此，也產生許多儒夫，但大多數的人都是只要收到命令，不管有沒有人看都會為了神而努力去達成任務。反觀日本兵若沒有煽動就不工作，即使連決死隊也是如此，如果沒有人目擊他們偉大的壯舉，他們根本不願意這麼做，倘若將領不在現場指揮，則士氣低迷。』」

由明治時期日俄戰爭的情形，就可以了解日本人與生俱來的性格。即使是現代的我們，也與明治時期的人民無異。非常在乎他人的眼光，尤其介意上司或長輩對自己的看法。總之，經常以外界的判斷基準來衡量一切。

但是這種傾向是不正確的。我們應該多效法偉人的舉止。踏入社會後，多模仿他人優秀的作為，而非受他人的意見所左右，喪失自己認為應該去做的勇氣。現今的日本人總是一窩蜂跟著潮流走，為了趕上潮流而放棄與眾不同的生活。為了擺脫平凡的狀態，應該多磨練自己，從同伴中找出積極向外在條件挑戰者，做為自己的競爭對象。如此才擁有明確的上進目標，也就是自我形象。讓我們好好運用競爭的對象吧！

2 迎向逆境——逆境乃最好的教育

放眼天下，像日本這樣自由、安全、失業率少的先進國家幾乎找不出。的確，對於明治、大正、昭和初期出生者，幾乎沒有人能料想得到，自己的國家會變得如此安定繁榮。這是日本的歷史上，首次出現的富饒景象。有時會在街上看到流浪漢。但他們並非無法工作才遊手好閒的。他們是基於自己的意志而放棄工作。這點與歐美的失業者並不相同。

在歐美，雖有工作意願，可是找不到工作的人很多。根據去年的統計，至英國寺院的膜拜者，所祈求的願望多為「神啊！請賜給我和我的兄弟職業吧！」

然而在日本，多數日本人至神社都是祈求升學考試能夠合格，事業能夠興盛或是驅邪等等，以某個角度來看，這些祈願無非是希望現狀更好。而少有因為明天沒有飯吃，以祈求賜予三餐的。

這正表示在日本有豐富的就業機會。但由於選擇職業的好惡非常強烈，故不喜歡做自己討厭的事，於是在找不到自己想做的工作之下，只好暫時失業。

但這並不是真正的失業狀況。

在富裕的社會中生活的人們，往往都想逃避困難。積極向逆境挑戰的人已逐漸減少。

過去，駐紮海外的工作曾是相當熱門的行業，可是聽說最近已成為大家敬而遠之的工作了。希望移居海外，死後葬在他鄉的海外活躍者已日趨減少。

戰敗後，國民因飢餓紛紛移至南美的移民熱潮已成為過去的歷史。目前，這種飢餓精神已慢慢由人民的心中褪去。

我所擔心的是，人們會因為喪失了飢餓精神，而失去向未來挑戰的決心。

最近由於經濟持續低成長，因此企業界的競爭非常激烈。結果，第一線的銷售負責人為了新的需求，必須全力以赴開拓新的市場。可是無論管理者或者推銷員，都缺乏緊迫釘人談生意的精神。為了給對方良好的印象，往往裹足不前。

雖然頭腦靈光，可是手腳並不行動。尤其是在企業界裡被譽為「天下〇〇」的公司，不少是依恃長年固有的市場最佳實績，而無法再創造新的顧客。

誠如「驕者必敗」的格言一般，缺乏飢餓精神的企業或組織，遲早會衰退，這是經營企業之定理。

因此不論個人或企業，必須經常保持飢餓的精神。為了達到這目標，必須能忍耐艱苦，反覆體驗，勇敢地迎向逆境。

在學生時代的幾次重考的經驗，也是一種逆境的體驗。對於這些重考生，父母應該給予鼓勵。

如果在職務上被調遷到較艱難的單位，則應慶幸自己能獲得磨練自我的機會。因為，體驗逆境才能培養忍耐力。培養克服困難的精神。所謂「逆境乃最好的教育」。人都是單獨出生單獨死亡的。因此我們必須培養堅強的毅力。尤其是年老退休後，必須依靠自己的力量生存下去，所以平時應擁有迎向逆境的飢餓精神。

我深信，當國人遭遇逆境時，必須發揮偉大的力量。例如，元軍突襲、黑船的出現、太平洋戰爭失敗等，都是嚴厲的逆境，可是國人都一一克服了。

最近，我讀了一本講談社現代書『野的睿智』。其內容是描寫一位日本人超越歧視與偏見的逆境，拼命生活的態度。

人不能不為理想而生活。大家應該要有迎向逆境的勇氣，運用逆境，培養新的能力。

3 做他人不做的事——追求獨創性

每年秋天，日本經濟新聞社都會進行優良企業排行評估，此活動自早期以來，就一直與衆多廠商合作，而始終位於榜上前二十名的兩家服務性質的企業為 7-eleven 和中興保全（Secom）。

這二家公司皆能掌握社會的變化，而以與衆不同的經營方式聞名。7-eleven 由原本營業至深夜改為二十四小時。全年無休體制，完全以「便利」為號召，乃為便利商店之先驅。而中興保全則是運用電子技術，以機械聯繫保全系統，而急速成長的特殊企業。

這兩家企業秉持其他企業所缺乏的服務，徹底追求屬於自己的獨創性。

在低成長的經濟環境下，能夠創造出他人所不及的服務領域，才是成功的訣竅。不僅是公司如此，個人也相同。儘早發現自己的特性，加以磨練，大膽地向特殊的技術挑戰吧！

只要觀察最近的學生，就會發現，他們確實對流行很敏感。即模仿他人的能力很強。每個人幾乎都缺乏獨創性。大家都如金太郎飴一般，由同一個模子印出來，所說的話與想法都相同。由於把視線都朝向外界，因此絲毫無意識自己的內在。為此，容易受到外在條件的支配。

選擇職業時總是追求當時熱門的行業，跟隨衆人所喜好的腳步。而不想在比較冷門或他人討厭的領域裡，發揮自己的能力。

我在參與企業所主辦的就職說明會時，經常會這麼說：

「希望各位踏入社會之後都能夠成功。但所謂的成功並非指賺大錢或地位崇高。而是指選擇能讓每日都感到充實的工作。這正表示自己必須喜歡所做的工作。喜歡工作的秘訣在於熱衷投入。不要只依頭腦，而應身體力行。只要培養全力以赴的習慣，一生中就無所畏懼了。在這世界上，非常重視全力以赴的人。這個現象能讓人產生不可思議的自信，而發揮連自己也想像不到的力量。請各位期待自己偉大的力量吧！就職以後，無論任何工作都應該全力以赴。」

但是能對這種想法產生共鳴者，只不過是全體的百分之二十而已。其餘的人都缺乏努力工作的魄力。本田宗一郎先生是一位與衆不同的經營者。在他擔任本田技研的社長時，執著於開發其他高級幹部都警告他太危險的事，結果非常成功。

邱永漢先生也曾經提過，成功的秘訣在於嘗試他人所不願做的事。但這前提是必須具備比他人多二～三倍的努力。

前些日子，我參加東京都大田區某家中小企業的經營者研究會，當時有一位女性社長所說的話，令我印象深刻。

因朋友的介紹，那位社長採用一位身體殘障者為職員，他每天早晨六點就開始工作，從別人敬而遠之的廁所開始至公司內外，都打掃得相當乾淨，不論冬天或雨日，每日都不休息。由於如此，包括社長本身，全體員工幾乎都忘了他是位身體殘障者，而對他相當尊敬。

要使人感動必須依靠本人誠心誠意的行動。而不能只依理論來打動人心。正因如此，才沒有「理動」這句話的存在。

戰後的日本教育培養出太多只會想的人。而肯勤勞活動身體者少，可是實在不需要那麼多人坐在桌前思考的。

不喜歡在第一線上做銷售工作，而希望能待在公司內工作的人愈來愈多。

腳和腰的力量衰弱的動物，遲早會倒下。

欲在經濟低成長的環境下生存，必須擁有能使對方感動的能力。不應只依恃理論，而應以實際行動說服對方，這樣的員工愈多，公司愈容易發展。

若想要快樂的生活，就必須做他人不想做的事，不辭辛勞，專心一致，下定決定去做。

4 解決問題——設定目標和行動的架構

二次大戰以後，殘留在中國的孤兒被發現率約百分之三十。對於這成果的評估如何？多數的電台或報紙都表示「僅找到三分之一而已」。我非常不認同這種看法。不明白他們爲何要使用否定的表現方式。

其實只要表示「三分之一」的事實即可，至於如何評估這個事實，則由人們各自的價值基準來判斷。

我個人認為，由於每年都有探親活動，因此其發現率應該會愈來愈低才對。所以，應該將此事實解釋為，幸好已找到三分之一。

但是一般的傳播媒體總是喜歡消極且具批判性的表現方法。為了證明此點，各位看報紙就知，總是壞消息比好消息多。偶而，不良的資訊竟占整體內容的百分之九十。

其原因之一，乃是介紹事實的方法太過情緒化。讓人納悶為何不能採取客觀的手法來介紹事實。

我們每日的活動都是不斷地解決問題。換句話說，人生是發現問題而加以解決的一連串過程。

而問題的癥結為何？即現實與目標的差距。至於現實則不應用感覺來表現，而應以具體、客觀的態度來描述事實。

當然，目標也是如此。否則就無法具體表現現實與目標的差距。

最近，人們對人大的計劃愈來愈關心了。其最大的關鍵在於自我的目標設定。確實，人生成功的關鍵在於設定目標。

然而概念上雖了解這層道理，但若無法具體明確地表現自己的目標，則無法獲得實際的效果。

這正說明，若在日常生活中無法培養客觀接受事實，以自己的價值尺度來評估事實的習慣，則不僅不能把握目標與現實的差距，也無法正確地解決問題。

在美國非常暢銷的『一分鐘的管理者』（翻譯版，鑽石出版社），是我最近能一口氣讀完的書之一，其中一節如下：

「倘若無法正確說明以何方式可以解決問題，那表示並沒有掌握問題，只不過如發牢騷一般。當『現實』所發生的事與『渴望』達成的目標有差距時，才會產生問題。」

若能清楚了解問題，自然能找出處理的方法。我在新進員工教育會時，所提出的問題解決法如下：

第一階段——將問題鎖定為一。

第二階段——列舉問題的原因（複數）。

第三階段——考慮對應各種原因的個別對策（複數）。

第四階段——選擇可能實行的對策，決定順位，設定實行計劃。

對應個別問題時可採取這個簡單的程序，如此一來，自己要採取的行動便可明確化。

如果在會議中應用此法，在短時間內即可獲得全體人員的結論。首先，主辦者將問題寫在黑板上。接下來呼籲全體員工：「由現在開始，在五分鐘內，將各位認為是問題的原因寫在紙上。同時順便寫出各位所想到的因應對策。」

五分鐘後，按順序讓全體員工唸出自己所寫的意見，再由記錄者將其整理於黑板。而讓全體員工再追加自己額外想到的事項。

針對這提出的對策，擬定立刻執行的短期目標及需耗時間解決的長期努力目標，並設立行動計畫。

將目標與行動計畫寫在紙上，公布示眾。規定全體員工於每早朝會時閱讀。

正如前面所述，由全體員工一同解決問題，擁有相同的執行目標之意識及具體的行動計畫，公司內部將會充滿活力與朝氣。

至於公司內部的管理者，可利用朝會提高全體員工的參與意識，發表解決問題的具體成果。當我們高興問題能成功解決之下，便能提高工作意願。無論何事，設定目標與行動的架構最爲重要。

5　工作能防止老化——設定終身工作的體制

美國的『商業週刊』是世界上最大的經濟雜誌，曾經大幅報導過關於日本高齡化的問題。根據報導推測，在二十一世紀初，老人問題會給日本帶來很大的衝擊，說不定會與年輕的一輩產生暴動等，總之情況並不樂觀。

其背景是，在日本六十五歲以上的老年人口，於今後的二十五年期間，其數目將會急速增加。

請見下表。這是六十五歲以上的人口佔日本總人口的比例。

一九九〇年	百分之十一
二〇〇〇年	百分之十四
二〇一〇年	百分之十七
二〇二〇年	百分之十九
二〇三〇年	百分之十八

（資料來源　總理府統計局）

目前在世界上，老年人口比例最高的地區為歐洲，約百分之十四。可是，在今後五年期間，日本便可迎頭趕上，加上此後仍繼續上升，至二十五年之後，將會達到百分之十九的世界最高記錄。

而二十五年後，目前為四十五～五十五歲的人，屆時會成為七十～八十歲，那時，日本會成為世界聞名的老人國。這種人口統計是統計預測中正確率最高的一種，幾乎不太可能估計錯誤。

既然如此，觀看現今歐洲各國為高齡化的問題所擾，就可了解不久日本勢必會遭此困境。例如社會保險的經費會增加三倍，同時就業者所負擔的稅金也會增加。此正表示，年輕一代有可能因當時政府課稅過重，產生不滿而引發暴動。

為避免此事態發生，從此刻開始必須儘快建立讓六十五歲以上的老人仍能工作的終身工作之體制。

增加能活用老人豐富的社會生活經驗之職種，同時也進行職業指導的訓練，輔導老年人再就職。

我們經常可以看到在美國的百貨公司、超市、各種小販賣店等，有許多白髮的老婦人在第一線上充滿活力地工作的情形。與他們聊天就可發現，其實他們的商品知識很豐富，同時又樂於工作。在日本，老年人的再就職機會應該比美國還要多才對。尤其是推銷，或一般待人接物的工作。

只要觀看現在的人壽保險界，高齡的男、女推銷員都相當活躍，就足以證明。即使連八十歲的人也幹勁十足地工作，由此看來，推銷工作確實是終身工作最具代表性的職種。但首先要考慮的前提是，必須有系統地建立老年層的推銷員教育之體制。

各企業每年都會將退休人員送入社會，目前已有逐年增加的趨勢。因此我們應該做好退休前的準備教育，或進行推銷員的教育，讓他們能在退休後建立起自營公司的推銷管道，或是能勝任全佣金制度的代理店之工作。

推銷員教育首先要做的是心態的改革。即先打破推銷員這句話和先入為主的職業觀——也就是擺脫日本固有的士農工商階級制度的觀念。

我曾認識一位在某家教育企業擔任全佣金制的高齡推銷員。他畢業於東京帝國大學的經濟系，就職於一流廠商，擔任高級幹部。退休後，原可利用同學的關係再至其他單位就職，但他卻選擇全佣金制的推銷工作。為什麽呢？因為他根據長久的工作經驗發現，推銷員的工作必須經常被迫自我啟發，由於接觸的人多，因此可獲得許多良好的刺激。雖與年輕人一起工作，可是成績絲毫也不遜色。

倘若能擁有新的推銷員觀念，年老後才能充滿活力與幹勁。

然而，由於老年人全力以赴進行推銷工作，年輕人自然會因而尊敬老人。只是依賴社會救濟，以消極的心態面對老後生活的時代已經結束。而努力在第一線工作，每日過著充實的生活，才是未來應有的生活模式。

第八章

拓展人際的生活

人雖能忍耐貧窮，卻無法忍耐孤獨。為了百年人生，我們應該過著充實的生活，用溫馨的關懷與坦誠的態度，珍視與每個人的緣分。

1 以三勤主義打動人心——良好的人際及成功之基石

描寫野口英世的一生的『遠方落日』（渡邊淳一著），是一本値得一讀的傳記。

想不到野口英世是一位喜歡向他人借錢，且又奢侈的人。但是認識他的人仍會持續不斷地援助他，理由何在？

理由之一是他勤於寫信。由於當時並無電話，所以他經常寫信。某次，野口英世在歸國的歡迎會上曾提到，在他駐美的十六年期間，曾與他東京時代的恩人血脇守之助先生通過二百多封信。

野口英世經常寫信給對他友善的人，以保持良好的關係。

我覺得這是維繫人際關係最重要的因素。不管在任何國家都是如此，在某個領域能夠成功者，必然是基於勤奮。這表示，懶惰的人不容易成功。

良好的人際關係成功之基石，而欲經營良好的關係乃在於勤勞。

具體而論，如何才能維持勤勞的活動力？以下所提出的方法可說是一大關鍵。

我個人認為，欲拓展人際關係首要施行的乃為三勤。即口勤、手勤、腳勤之三勤主義。

第一為口勤，即利用電話與對方連絡，努力保持關係。

優秀的推銷員會不斷打電話至各處連絡。尤其是針對固定的客戶之售後服務，多半以電話追蹤連繫。

曾有位開業醫生對於治療後的患者，一直不斷打電話詢問其後的病情。這舉動讓患者相當吃驚。因為他們料想不到醫生會打電話給他。由於如此，大家口耳相傳這位醫師的關懷之舉，結果，其診所每日門庭若市。由於勤於使用電話連繫，拓展了人際，相信此舉任何人皆可辦到。

最近，某家化妝品直銷公司在進行推銷員教育時，總是叮嚀員工每天早晚要打電話連絡客戶。結果，與過去親自去拜訪客戶推銷比起來，營業額增加百分之四十。因為親自訪問客戶每個月頂多只是二～三次。而用電話則天天都可進行。這家公司的員工深深體會到頻繁打電話能增加推銷效果的重要性。

第二是手勤，正如野口英世勤於寫信一般。現在，由於電話的普及，不寫信和明信片的人激增。此點可由郵局處理私人信件的數量逐年減少加以證明。

我擔任過多家公司新進員工教育會的講師，與許多新進人員接觸過，對於他們在大學四年期間，完全沒有和家人通過信的人數之多，感到相當震驚。

其實，寫信可以彌補用電話連繫時所無法表達的情感。尤其是親子之間，孩子若能以文字傳達對雙親的感激，父母一定能了解孩子的心情而感到萬分喜悅的。

我們應該更重視能發揮人與人之間溝通感情的信件，不管傳播媒體多麼便利，培養勤於寫信的習慣是非常重要的。

第三是腳動。勤於參與會議或訪問他人。用腳意謂行動。從事商業者，若能勤於付諸行動，一定會有成就。

機率論的基本定律之一乃為「大數定律」。持續擲幾次骰子之後，同一個數字出現的比率會隨著投擲的次數增加而接近固定的值。這種定律也適用於人類的行為。光是計劃，口說不練習是無用的。

俗話說：「知十不如行一」，這是表示付諸行動，積極認識他人，參與聚會必可獲得成果。

由於國人習慣清楚地區分內外，因此對外常採取消極的心態。唯有行動，才能突破這一障礙。努力實行三勤主義，必能打動人心。

2 拓展人際——每個人的背後都有人脈

根據世界記錄辭典『金氏記錄』（一九七九年版）的記載，美國底特律市的喬治・吉拉特先生出售的小客車營業數量，曾連續十二年保持世界第一。

他於一九七八年一月退休，在工作的期間，他總共出售了一萬三〇〇一輛的車子。這表示，他每年約銷售一千輛以上的客車。

在日本的汽車界中，每年每人銷售量最多不過三百輛左右。為此就可發現吉拉特先生的記錄有多驚人。

他究竟有何秘訣呢？其實理由很簡單，他由自己的推銷經驗中，發現了所謂的「吉拉特的二百五十人之定律」。

他說，任何人在其一生之中都擁有約二百五十個能參加自己的婚禮或喪禮的朋友。由於如此，倘若得罪一位客人，等於間接得罪潛在的二百五十名顧客。

吉拉特先生表示，每個人的背後都擁有廣大的人脈，若能重視每一位顧客，則推銷的圈子自然會影響其背後的人脈。事實上，他的確徹底實行此定律，而創造了空前的記錄。

二百五十人定律確實是今後促進人際的重要關鍵。我切身感到，愈成功的人愈重視人際關係，且愈能細心關懷他人。

俗話說，成功者的背後必有電話，這表示成功者擅於利用電話來連繫，以開發和維持人際關係。做生意時，除了貨品之外，還要加上熱誠，由衷為對方服務，讓對方感到「心服口服」最重要。總之，在與他人交往時，應以服務他人為首。

經營評論者脇田保先生曾提出以賀年卡來評斷人際關係。他表示，四十歲左右年富力強的人，應該要收到約二百張的賀卡。而賀卡的內容如下：

①除了印刷字體外，是否有親筆的問候。——表示人脈穩固。

②是否一起問候妻子或家人。——表示親密的程度。

③每年是否與恩師、學長或同學通信。——證明是否維持知性的關心。

④是否曾收到參與嗜好或休閒活動的朋友的來信。——表示交友廣闊。

⑤是否只維持寄賀卡的關係而已。——依信函、電話、親自拜訪來維持友誼也很重要。

如此進行自我診斷，提早確認形成人脈的缺陷，並實施具體的因應對策。

依總理府統計的『家族形成階段別的生活行動』，將家庭的週期分為五個種類：①新婚期。②生產、保育期。③子女教育期。④子女獨立期。⑤親子脫離時期。

而親子脫離時期即退休時期，因此，丈夫的生活模式會完全轉變。也就是說，過去和同事一起進行的休閒活動，會隨著退休後而中止，而只剩一人從事休閒活動。但根據報告書顯示，也有相反的例子，即退休後能持續保持休閒活動者，不僅與同事或公司的人際關係良好，且也擁有許多親朋好友和該地區的朋友。

以目前日本的狀況而言，以公事及公司的人脈為主體是不可避免的事，但考慮今後高齡化社會的來臨，只依這樣的人脈仍會使老後感到孤立且不安。

根據休閒開發中心所進行的十三國價值觀的調查中發現，在「目前您最滿意的人際關係為何？」的項目中，與其他十二國相比，日本人在公司，鄰居及家人的關係上水準最低。由於此現狀，才會興起九〇年代是屬於人性的時代，克服疏離的時代等種種運動。

3 與不同領域的人接觸——強化待人接物的能力

最近的新進人員往往被評為富協調性且順從。的確，在我擔任新進員工研習會的講師時，也有此感。

日本人才招募中心整理新進員工的意識調查發現，他們認為企業界要求新人第一要素是「具備協調性」。可是另一方面，在該調查中，企業界的管理者要求新人的第一要素是「富自發性及積極性」。

在企業界方面，要求員工能夠在競爭激烈的時代中，積極工作且富有熱誠的態度。但就任的新人往往懷有想找靠山的心理。所以在調查中明顯地發現兩方面想法的落差。

因此，公司的指導者在採用這些新人時，必須以身作則，指導新人積極地行動，才是正確的第一步。

俗話說「知十不如行一」。在指導新人的訓練中，應加以矯正他們只動腦筋，重理論不重力行的學生時代的習性。

九〇年代被稱為商業的時代。這含有很深的意味。過去，在日本的產業界，凡有關商業特別是流通的領域，往往被視為黑暗的大陸，其低生產性更被視為嚴重的問題。

可是最近，包括美國的先進諸國中，已開始重視日本的流通系統了。因為在歐美，欲吸收失業的人口，除了依流通業和飲食業等第三次產業外，毫無其他方法。而日本的模式則成為最好的典型。

的確，日本的第三次產業確實能容納每年由學校畢業的希望就業之人數，所以就日本整體來看並無失業的問題。針對此點，流通管理者應以自己的工作為榮。

因此，在指導新人時，必須告訴他們所從事的工作乃是最有意義的工作。且第三次產業比過去的第一次和第二次產業接觸他人的頻率高，與其他領域的人接觸的機會也比較多。

平時我們應該經常冷靜地觀察自己。儘量與自己無關係的人物交往。只是與同事們接觸會喪失生命力。

聽說退休後，最不能適應其他工作的是製造業的員工。只是生活在縱型社會的人物，一旦喪失工作後，容易失去生活的自信。

由此點看來，商業界、流通業和餐飲業的人物，由於經常與他人接觸，不管在任何狀況下或是具備何種身分，多半富有生活力。

依心理學的觀點而言，由於服務業者能開發理解他人的立場及心情的能力，因此想法較富有彈性。

其最典型的例子即為推銷員。以目前的職種來看，在產業界裡，仍有高齡者活躍的領域，即推銷部門！

在壽險或產物保險的經營者中，超過八十歲者不少。有些人甚至認為，推銷工作是終身工作中最具代表性的職業。關於這點我個人也相當贊同。

現在的新進員工中，一般都排斥推銷工作。即使本人不排斥，其雙親也會認為是大學畢業，卻從事推銷工作實在太不值得。

其實這種想法是非常錯誤的。在這個時代中，無論政治家、醫生或公司的董事長，倘若缺乏推銷精神則無法成功。積極接觸與自己無關的人，了解對方的需要，乃是推銷精神的真諦。若無法具備待人的能力，不論在任何業界都無法出類拔萃。

逐漸成為今後產業中心的第三次產業，以顧客至上的想法逐年增強。所以能積極接觸陌生者的員工，必能迅速掌握顧客的需求和購買的動機，以把握良好的商業契機。

管理者應指導新進人員了解新的時代走向，並鼓勵他們努力與其他領域的人士建立良好的關係。

4 傾聽乃關懷之鑰——最佳的傾聽效果

「傾聽乃關懷之鑰」。這是意謂人際關係的基本，是由衷傾聽對方所說的話。

乍看之下，這彷彿是極簡單的事，但實際行之非常困難。因為我們多半喜歡聽自己喜歡的人說話，卻不耐煩去傾聽不相干、甚至討厭的人說話（所謂「傾聽」是指用心去聽，而「聞」則是漫不經心地聽）。

在索費的演講會中，前排座位往往座無虛席，但免費而強制參加的演講會中，前排座位的聽衆多半寥寥無幾。這個現象充分表現人們對於聽的心態之差異。

依美國史蒂芬大學巴特博士的研究，關於讀、寫、說、聽的重要度排行如下：

①聽　百分之六十三　②說　百分之二十二　③寫　百分之十一　④讀　百分之四

在日常生活中，我們是否重視聽的重要性？在社會上，訓練說話的中心或讀寫研究會到處皆是。但有關訓練聽的學習場所幾乎沒有。關於這個現象，遠在四十年前，溝通教育發達的美國也相同。目前，我手邊就有一本於一九五七年 McGraw-hill 出版社出版的『您是否在聽』。

書前，著者尼可斯寫著：

「雖很難置信，但本書確實是記錄人類的溝通當中，最古早就被使用，且視為最重要的因素之聽覺，並嘗試詳細分析的史上第一本研究書籍。」

由此可知，開始對聽這方面產生興趣及研究，不過是近幾年的事。

尤其在日本的家庭教育和學校教育中，指導孩子傾聽及實際訓練聽的方法仍有待加強。

自古以來，只要一提語文教育，往往認為是讀、寫和說的學習，甚少會關心聽的教育方法。

結果，孩子踏入社會後，才為人際關係所苦。由於不擅長傾聽對方說話的方法，雖有機會改善人際關係，仍徒勞無功。

目前，在日本已逐漸重視對傾聽的關心和問題意識。坊間有出版一本書『親業』。是在美國廣受讀者歡迎，並榮登書籍俱樂部排行榜的暢銷書『ＰＥＴ』的翻譯本。

所謂的「ＰＥＴ」是指 Parent • Effectiveness • Training，即意謂訓練有效果發揮出雙親的任務。就是提倡父母與孩子的溝通方法，首重自動成為孩子的傾聽者之指導法。

本書在日本蔚成風氣。尤其在為親子的對話而煩惱的雙親們，乃站在指導者的立場，為指導學生而煩惱的教師們，或是企業管理者之間更是大受歡迎。

「仔細聆聽他人所說的話」，對解決對方的問題有很大的助益，對自己的一生也有幫助，這點可依學習傾聽法而有所了解。

如果聽者具備艮好的傾聽能力，說話者所說的內容會比他們預期要說的內容更多。所謂對談即是指說話者與聽者之間的共同作品，精采的對談有賴於優秀的說話者與聽者之配合。

既然如此，平日我們應該自我訓練成為一位優秀的聽者。而有效的方法是學習所謂的傾聽三步驟。

即當聆聽他人說話時，要採取「首肯」、「隨聲附和」、「訝異的表情」三步驟。將自己的胸部朝著對方的正面，注視對方的臉部、專心聆聽。

不管對方的話題有多單調、甚至囉嗦，我們都應該由衷聆聽對方說話。為此，對方必能敞開心扉，以相同的態度回報。

5 現役與非現役之差距——演講的時間感覺

城山三郎先生與伊藤肇先生合著的『人類學對談』（光文社出版），是針對商業界人士的生活模式而寫，非常值得我們閱讀。其中所介紹扇谷正造先生（評論者）的一段話，「辨認現役與非現役的量尺」中，有一節非常有趣。依內容記載，所謂的量尺有三：

第一，致詞約五分鐘即能結束的能力。因年紀愈長，話往往愈多。此以結婚典禮上的致詞最具代表。

第二，演講約三十分鐘，同樣的內容不應重複。若還會表明「雖這點剛才已提過，但……」就無所謂。

第三，聽他人說話時，藉此了解自己的知識與能力的限界。此意謂當聽到有關自己所不懂的事，是否想謙虛學習或調查的能力與生活態度。

的確，當我們參加婚禮或宴會時，若聽到他人冗長的演講詞，就能體會此三者尺度是非常中肯的。

我曾在東京市民大學開辦有關待人接物方面的課程。在座談期間，我讓每個參與者都做三分鐘的演講。然而，超過預定的時間仍無法停止的多半是老年人或家庭主婦。當自己本身已不再工作時，對於自制力和時間的感覺都會逐漸減退。

更有趣的是，當演講者超過限制的時間仍滔滔不絕時，聽衆的心理往往會急速冷卻。而處於心不在焉的狀態。依NHK的調查，每個聽者能專心聽對方說話的時間為一分四十五秒。也就是說，三分鐘的談話其實已夠長，更何況是演講五分鐘。

過去在談論演講時，多半著重於演講者本身之條件的問題。但其實「話」的作品是由說話者與聽者所共同完成的。若只注重說話者本身的條件是不公道的，大家也應該關心聽衆的條件。

聽說前都市銀行某經理於已故石橋正二郎先生的追悼會上，演講長達五十分鐘。由於參加者多是老年人，因此有三人當場昏倒，由救護車送醫急救。此例子顯示了演講者完全漠視聽衆的條件。

據說羅斯福總統在播放自己的演說時，事前曾召集職員至白宮，先唸原稿給他們聽。倘若他們有不能理解之處，則改為更易懂的語句，此舉乃希望播出後人民能聽懂他的演說。這正是重視且關懷聽衆的作為。前些日子，我看了某份統計，意外地發現過去五位首相的演說速度（每分鐘的平均字數）。

佐藤　二三七字　　田中　二四四字　　三木　二三一字

福田　二七一字　　大平　二九〇字

常帶有「呀、嗯」說話習慣的大平首相速度最快。而令人覺得有趣的是，隨著時代的進步，首相的說話速度似乎也愈來愈快。

人說話的速度隨著文明的發達而加速。英語就是最好的例子。英國的標準英語與美國的美式英語，其說話的速度差距很大。據說曾發生英國人至紐約卻聽不懂美國人說話的內容。另外，伊麗莎白女王初次訪波士頓而向市民打招呼時，也曾有市民問「她說什麼」。

像這樣源於同一語言的英語，由於都市化之速度的差距，也逐漸轉變為無法立刻溝通的語言。即使是日語也相同。我於一九四九年春天由小學畢業，當時，因為說話速度太快常遭父親的教訓。現代我說話的速度仍然一樣，但已無人抱怨。縱使演講時加快速度，聽衆也能心平氣和地接受。當我詢問是否會因說得太快而聽不懂時，並無人有這種困擾。

由於演講速度加快，相對地同時間所說的內容必會增加。由此看來，想做長時間的演講也不太可能。總之，必須考慮聽衆的心情，致詞時頂多五分鐘，能夠的話，二～三分鐘最好。因為演講愈短愈受歡迎。

第九章

在商業界的生活

人性、心態及存在價值是處於商業界的成功之鑰。控制自我，由衷地關懷對方，其誠意必然能被接受。

1 誠心誠意做生意——掌握消費者的心態

以『富裕的社會』、『不確定的時代』等著作聞名於世的哈佛大學榮譽教授・卡爾布雷斯先生，因親歷美國富裕的社會而預言說，「生產已不重要。以流通、消費為主的時代已經來臨」。

目前，日本人的消費水準已趕上美國。所以在日本，有關流通與消費的概念逐漸被重視。正如教授所言，預測的時代已經來臨。

受國內年輕一代歡迎的型錄雜誌『布魯塔斯』、『卜派』、『橄欖』等，其內容都充滿著消費情報。在報紙方面，消費資訊版遠比工業版來得有趣。

基於此時代背景，我們必須改變人才觀念。過去，在生產性為主的時代，往往認為具有優秀的工業思考的人才，才是良好的人才。且對於大量生產良好的製品，以批發其下組織而有貢獻的人物評價愈高。即使是現今的大企業，也仍存在著這樣的觀念。

可是像此大企業如今已逐漸式微。因為一元化的量產、量販體制已不合乎時代的需求。

目前在日本，每個月約有三千家公司成立，一千五百家公司倒閉。計算之下，每年約增加一萬八千家公司。其多半屬於服務業的小型公司。由此看來，小企業將逐漸取代大企業。

為何會導致如此？此乃因流通與消費日趨重要、服務品質之良窳受重視所致。公司的規模、員工的人數及傳統等問題已不再是評估的對象，而是依當前的實態來決定勝負。不論公司規模多少，只要能掌握消費者的心態，擁有誠信的服務態度，自然能勝過大公司。

國鐵正是最典型的例子。雖其企業龐大卻被小規模的快遞公司所取代。此乃國鐵的服務品質惡劣，招致消費者反彈，致使包裹的生意激減。

這也說明了企業的規模愈大，則易形成官僚作風。當員工的目光朝向內側時，自然以自我的利益為優先，而逐漸淡忘企業之存在首要條件乃「為顧客解決問題」。

在低成長的經濟狀況下，消費者選擇的條件愈來愈嚴厲。所以即使規模小，只要能誠心提供服務的公司，反而會受到大眾的肯定。

在埼玉縣的S住宅建築公司，於十年期間建了四百戶房屋出售。這家公司的建築往往一建好就銷售一空。因此使得在不景氣的環境下，從事住宅銷售的業者感到難以置信。

但其銷售一空的理由，可依如下的事實加以證明。這家公司具有修繕巡邏車，每日依序訪問每戶住家。此舉確實徹底做到預防管理住戶的問題。再則若有颱風來襲，一聽到颱風可能通過埼玉縣時，員工們更是事前以電話通知四百家住戶，叮嚀他們防颱的對策，並希望有漏雨時能馬上通知公司人員。

因此，顧客為熱誠的售後服務所感動，自然口耳相傳告知其親朋好友「若要買房子以S公司為最理想」。如此一來，四百位顧客皆成為熱心的推銷員。S公司的房子能在經濟不景氣的環境下大賣，理由在此。

雖衆人皆知商業之基本乃誠心誠意、服務對方，但實際上，以自我本位行動者仍比比皆是。若公司大部份的員工都忽視對方的利益而以自我的利益為優先，且不重視服務態度的話，那後果將不堪設想。

倒閉的最大理由在於不重視顧客的買賣行為。如果由董事長至員工都能誠心為顧客服務，反之顧客也會幫助公司，使其不會倒閉。在這個社會中是不會放棄認真、正直、努力工作的人或企業的。前些日子，S公司的董事長寄給我的信中，有一段話非常感人：

「有位新進的推銷員與顧客訂了超額的契約，這是非常嚴重的錯誤。這種行為表示對顧客不誠實，因此顧客極有可能會取消契約。後來，這位員工非常後悔而恐懼，某日，遂至顧客家中的玄關下跪道歉。三日後，帶回重新擬定的契約書。」

為了向顧客道歉，自然下跪的認真態度和誠意感動了對方的心。信上最後，董事長這樣寫著「今年秋天，不管是否有颱風或下雨，都必須事前做好準備」。

2 精神上的服務——見面那瞬間乃為重要關鍵

經濟低成長的影響力已波及企業經營。目前，任何公司都在努力對應，企圖改善在高度成長下已養成依賴性體質的員工，這點可由公司內部熱烈舉行研習會加以證明。

針對硬、軟體的改善，只要耗費時間和金錢，就可活用其外部機能而對應問題。可是想要改革員工的人性體就比較困難了。所謂人性體意謂個人的精神狀態，此狀態時時刻刻依人們的想法而改變。令人遺憾的是，若精神怠惰，心中便會產生消極的雜念。

尤其在現在的工業化社會中，一切的價值基準皆以經濟價值為中心。在此情況下，人性及精神狀況的存在價值容易被忽視。更糟的是，戰後的日本教育根本不注重德育。結果導致現今的國人無法認知的態度也是一種能力。

由能做好被指示的事，凡事周詳顧慮且機智服務者愈來愈少可以看出。

其實，最近企業界非常需要能夠提供精神服務的人才。

經濟低成長其實又稱為實力落差的時代。而造成落差的關鍵既非硬體也非軟體，而是人性體。也就是說，今後企業競爭的王牌乃在於心的服務。

各位至京都時可嘗試搭ＭＫ公司的計程車。京都市民皆知ＭＫ公司是一家非常獨特的計程車公司。這家公司在一九六〇年創立時，總共只有十部車而已。但現在卻成為京都最大的計程車公司。其成長的秘訣究竟為何？並非在車資少或車質好，而是每位司機能徹底實行四項寒暄的原則：

①「歡迎搭乘。」

②「我是ＭＫ的〇〇。」

③「請問要到何處？」「是至〇〇嗎？」

④「謝謝您。別忘了您的東西。」

由於車內貼著若司機未徹底實行四項寒暄原則，則可不用給車資的告示，因此可知該公司多徹底執行此運動。

創業者青木會長說：「搭載客人時，司機務必親自走下車去迎接客人，並幫忙提行李。如果有客人要求『能否幫我至六樓拿行李下來』時，有些人或許會認為既不是貨運車，也不是搬家公司，實在沒有必要替客人上六樓拿，但我總是叮嚀員工『應該替客人服務』。我認為，ＭＫ的服務應做到如此！」

青木會長的話，充分表現出工作就是為了幫助對方解決困難，或在他人需要幫忙時伸出援手的精神。這意謂做生意的成功關鍵，在於見面的那瞬間是否願意提供精神上的服務。

二宮尊德先生曾指導其弟子有關水盆內之水的例子——他說若您想要水，將水盆拉向您面前時，水反而會往反方向流。當您想要水，只要將水盆往外推，水自然會流向自己——所謂的關懷也就是為對方解決問題，表現善意。由衷持續服務對方，其誠意自然會感動他人。

此互惠的想法在過去高度成長的社會裡一直被人所遺忘。大家總是拼命努力，不顧慮他人，為了增加營業額甚至強迫對方接受自己的條件。結果雖然銷售時相當熱心，但往往忽略了售後服務，這種變相的營業精神，幾乎充斥著每家公司。

不知何故，我購買空調器和汽車時都選到瑕疵品。事後廠商的對應態度，前者與後者迥然不同，這使我發覺售後服務的重要性。以汽車而言，由管理單位以下的全體員工都非常誠實地對待我。當我提出申訴時，其熱心的售後服務改變了我最初的不良印象。但是空調器這方的情形則相反。這使得我再也不想去購買那家廠商的任何電氣製品。

透過這次的體驗，我深深地感受到服務態度的好壞之影響力有多深遠。

3 由重視物質轉為服務——注重替顧客解決問題

日本的百貨業和超市營業額的成長率一直處於低迷的狀況。由此事態可看出消費型態已從以物為主的量的擴大時代，轉變為提高生活品質而購買服務的型態。

談到此點，使我想起有家公司的總經理曾說過的一段話，「前些日子我突然想起，年初至今我尚未添購任何一套西裝。但為了加入網球俱樂部已付了四十萬日圓。生活中的確產生了變化」。

社會大衆已愈來愈重視服務、評估商業人士的價值觀也逐漸轉變。

過去的社會肯定頭腦好、技術純熟者為能幹之才。但今後對顧客能否有服務的精神乃成為最重要的一環。冷漠且拒絕他人接近的人，將隨著時代的變遷而不利於生存。

我在演講會上常叮嚀聽衆一件事。「服務於歷史悠久且在工會相當活躍的大公司者，若想法缺乏彈性，將逐漸為時代所淘汰」。

因為在這樣的公司服務，容易養成依賴公司勢力的心理，凡事都請承包公司去執行，對社會的現況不太關懷，經過一段時間後，則造成一旦離開公司，將什麼事都無法做好的下場。

服務於公家機關或大公司的人，退休後經職介所安排，不少人再就職於中小企業卻無法久待。

「我以前服務於○○公司」，諸如此類奇怪的自尊心和傲慢的心態，會令周圍的人感到厭惡。結果，使人際關係惡劣，雖有再就職的機會，也因自己的態度不佳而不得不離職。

所謂服務即是誠心為對方解困的達成對方的願望。

因此，在做事時，必須站在對方的立場來處理事物。但服務於組織愈大的人，愈容易強迫對方接受自己的條件，並且認為是理所當然。凡事皆以自我為中心去執行。因為組織愈大，愈無法洞察對方個別的狀況，因而不知如何採取對應的姿態。

前些日子在都內與一位擁有八家電氣行的老闆見面。那位老闆面對超市和平價商店等大規模的競爭對象絲毫不畏懼，堂堂正正地向他們挑戰。他一直擁有「巨象不足為懼，雖其以大勝小，但缺乏像小的一般能自由自在活躍的優點。所以只要能經營大店所無法兼顧的事，生意自然會興盛。」這樣的理念，徹底做到為顧客服務，因此不論是哪家分店，都能成為當地最具代表性的店。

在所有的顧客中，有二～三成是以價格為條件。但其餘的七～八成，往往比較在乎誠心的服務。所以，誠心誠意為顧客服務，顧客自然會被其誠實的魅力所吸引而不在乎價格。

今後，顧客將不再只注重價格，而會對經銷商品的企業、員工的態度、習慣等人生觀或哲學的想法愈來愈重視。

『十年後——會產生什麼變化？』以針對培養前瞻性而言，是非常值得閱讀的一本書。其中有一節這麼寫著：「現在企業在錄用人才時，會考慮『想像力豐富的人』、『人際關係良好的人』、『具豐富常識的人』此三要素。然而，學校秀才型的人才已逐漸不被重視。」

此點藉由觀察企業第一線，直接與顧客接觸的員工就可瞭解。現在的顧客具有敏銳的觀察力，給人印象惡劣的員工或店員，顧客根本不會喜歡。即使是地點佳的老店也是如此。

由於這種傾向愈來愈強烈，因此各企業和商店莫不於員工教育上投入相當的心力，拼命培養人才。員工教育方面最重要的就是指導員工，一些連幼稚園的兒童也知道的日常禮儀，並要求員工確實實行的教育方法。

而教育的原則首在於寒暄、回答、善後處理等日常行動，如此才能培養控制自我，了解對方的能力。總之，回歸基本才是當務之急。

4 全體員工推銷的時代
——重視顧客的想法

根據專門機構的調查，今年春天畢業的三十萬大學男生中，其就業機構有三成是屬於營業及銷售部門，尚未決定者約二・五成。

根據推測，尚未決定的部份遲早也會納入銷售部門。因為畢業生中有一半以上是屬於文系，因此，除了就職於公家機關等非營利性的機構外，文系的學生大多從事有銷售的工作。由此看來，可說已邁入全體員工都推銷的時代。

此新的趨向可說是企業所造成。目前，經營者為了擴大強化營業前線的員工，都努力變更組織，以期能勝過競爭對手。而其中最重要的關鍵乃在於加強銷售能力的程度。

然而，希望就職的學生無不期待能服務於一流的公司。且內心渴望著能被分派到工作清閒的部門。

因此，當就職時被分派到銷售部門，接觸競爭激烈的環境後，懊悔者相當多。

而且，多數的母親往往不了解商業社會的大變革。因此對推銷這句話顯現出異常的抗拒反應。當她們發現自己的孩子是從事推銷行業時，根本無法接受。甚至有人還會打電話到公司說：「我並不是為了讓孩子當推銷員，才供他唸大學的」。

甚至有些大學教授會有「我對於日後想當推銷員的學生，根本不想認真教其經濟原理」的錯誤認知感。

因此，在這種依賴的環境中長大的學生，往往希望與現況落差太大。結果導致企業界為彌補這樣的落差，必須耗費更多的金錢與時間再教育員工。也就是說，企業界為彌補家庭和學校錯誤的教育，必須付出更昂貴的代價。

尤其是推銷教育，幾乎可說是由零開始。目前的時代需要優秀的推銷人才，但學校方面卻仍堅持舊有的教學態度。在日本的大學、專業學校中，不僅沒有關於推銷方面的教科書，也毫無此方面的課程，這實在是令人非常遺憾。

其實，企業界方面也有問題。目前，於公司擔任經營管理階層的人，多半是處於一九五五～一九六五年高度成長時期，在第一線活躍的資深人員。因此難免無法擺脫只要商品好，一定能暢銷的賣方的想法。單純認為推銷即是賣商品的概念。

然而，時代已慢慢在改變。品質佳的商品未必都很暢銷。商品的特性、差別化和價格不一定能決定勝負。

其實，我們應該將想法轉換，站在買方的立場推銷。也就是了解消費者的心態，為其解決煩惱和問題，研究商品究竟能提供哪些服務等等，以滿足消費者的需求。

既然如此，企業本身也必須將推銷方法完全改變，也就是在推廣推銷教育時，所針對的對象不只是新人，而是必須擴大到全體員工。

總之，以新人為中心，全體員工都應該再教育。

由於銷售前線的狀況並不是很樂觀，因此想以傳統的方式銷售已經面臨瓶頸。此刻正是實施再教育的最佳時機。若企業能活用這想法，競爭才能獲勝。

即使不使用推銷員這句話而改稱營業員，其內容還是不變。若能將依經驗及直覺的推銷行為加以科學化，體系化的最理想。憑著再教育使一般人也能靈活地推銷，相信大家都可能成為一位績優的推銷員。

當人具有某程度的展望時，會設定新的目標，自我啟發。但若前途一片黑暗時，會對自己失去信心，認為自己不適合從事推銷工作而擁有自卑感。

有句話說，企業在於教育。所謂教育即培養人才。而企業競爭的重點即在如何延攬人才。在衆多人才當中，推銷的感性特別受到重視。所以，全體員工都應該重視推銷的能力。

5 突破頑固的觀念——中老年層的商業觀

最近的大學畢業生即使不認識旺文社所出版的『豆單』（袖珍型英文單字辭典），但一定知道青春出版社出版的『出單』，而且也有許多人使用過。

但五十歲以上的人乍聽「出單」這名詞，可能怎麼想也想不出是什麼。其實「出單」的全名為『考試常會出現的英文單句』，是一本廣受青年學子歡迎的英文單句集。

一九五五年左右的大學生們，現在多成為企業界的經營幹部。或許他們還覺得自己很年輕，但不得不承認已屆聽不懂「出單」這名詞的年紀，必須開始面臨即將老化的問題。

老化現象中最可怕的一點即是頑固的觀念。「我認為這樣才好」，一旦有自我的主張時，絕對無法接受他人的想法。這是頑固的觀念中最具代表性的表現。

一旦年齡超過五十歲後，有此頑固的想法者會愈來愈多。尤其是服務於被譽為天下〇〇的一流公司時，由於分工過細，凡事都由屬下或承包商處理，在這種工作環境中，最容易產生想法頑固的人。尤其是只從事內勤工作的人，這種傾向特別強烈。

由於我經常參加不同規模的公司所舉辦的內部研習會，與各階層的人士都有接觸，觀察之餘，自能了解哪種階層的人士觀念最死板。

最近由於自動化的影響，由工廠或事務部門調至銷售部的人逐漸增加。而人們所面臨的最大問題是，如何突破銷售工作固有的落伍形象。

多數的人總是擁有認為提著公事包外出洽商推銷，比待在製造部門或做內勤還差的保守觀念。所以推銷工作成為人們排斥的對象。

但對社會而言，領高薪的中老年員工一直停留在此狀況是不行的。

全體員工都必須擁有推銷意識的時代已經來臨。業績愈好的公司，其董事長一定以增強推銷力為第一目標。

前些日子，以無店面的銷售方式使業績蒸蒸日上的某推銷公司董事長這麼說：「無論對任何一家公司提議說希望能推銷該公司的商品，他們往往都會欣然答應。這表示現在的公司非常缺乏推銷人才」。

這段話意謂著，若擁有完善的推銷能力和組織，其企業必然會成功。

我有一位朋友在十五年前辭去一家大企業的工作，而設立利用電話來推銷的專門公司。即利用兼職人員使用電話來推銷商品，這家公司目前快速成長。因為諸如郵寄廣告的追蹤，推銷員訪問的預約電話，或是收貸款的催繳電話等，使用電話的推銷代理行業已逐漸具有商業機能。

但仍有許多人無法洞悉這世界的改變，而將推銷的行業視為下等的工作。而這種對推銷既存的固有觀念，阻礙了新時代的波動。

觀看報紙上的求才欄時，會發現多半是尋求推銷的人才。國內需要的推銷人才逐年增加。此乃由於物資過於豐富所造成。至少在未來的一百年內，此狀態仍會持續保持。這表示推銷的工作不久將會受到大衆的肯定。

西武百貨公司大幅調昇銷售部門專職的薪水，比起其他部門或管理部門之專職高出甚多，積極落實重視銷售的人事制度。聽說銷售專職與一般員工比較下，在三十五歲階層者約差百分之十六、四十五歲者約差百分之三十（指年收入）。銷售部門人員的待遇較管理部優惠之制度已逐漸被各大企業所採用。不然的話，將很難訓練中老年齡者從事推銷工作。

我經常告訴中老年層的人們，希望他們儘快投入推銷的行業，在推銷的領域中工作不會機械化且富有人情味，有助於退休後自立的生活。

6 對新人的忠告——徹底利用「新人」的特權

由幼稚園至大學的二十多年長期就學期間的人際關係，是由親子關係、朋友關係、師生關係等互相建立的。但此時期也最易養成依賴的心理。

最近，有許多大學生依希望去就職，但往往因無法適應工作環境，不到一年又回到大學進修。總之，不管像考研究所或是夜間進修等，再回到學校的人數明顯增加。

由此現象可看出，無法適應社會的潛在人數已慢慢上升。

目前，在學校或家庭中，往往只重視為了升學的知識教育，而忽視與其他人如何相處的德行教育。

為了彌補現代教育的缺失，各企業或團體必須積極舉辦新人教育。

由於我也是從事此工作者之一，因而切身感到企業界對社會教育的貢獻度有多大。

但不論企業界多努力進行教育，新進人員往往缺乏接受的能力，也就是缺乏接受訓練的態度，遂導致實行效果低落。

擁有新進人員之家庭的雙親、公司的上司、前輩們，請將下面二項原則告訴他們，讓他們能切實了解。

第一，「新人的特權可使用一年」。以此特權，可大膽地使用「我是新人，凡事不甚清楚……」等容易使人寬恕的語句，而儘量與更多的人接觸。

我剛入日本經濟新聞社時，當時的上司曾告訴我說：「田中，你在這一年要好好利用新人的特權。禮拜天必須代替你的前輩來上班。」當時，我十分討厭上司所說的話，但我還是儘量配合輪班制，於星期日至公司上班。

想不到為了對應星期日由外部打來的電話，反而讓我收到訓練自我的效果。「抱歉，我還是新人……」我常這樣回答，但我雖不懂，態度卻很認真，由於如此，讓對方產生了良好印象，結果對方非但未責罵我笨拙的對應，反而給我莫大的鼓勵。

因此，我非常感謝當初上司對我的忠告。因為能充分對應世間的多樣性和他人的溫和與嚴厲，久而久之，自然對工作相當有助益。

第二，「請前輩們在自己尚是新人的期間，儘量矯正自己的惡習。」

人多半不喜歡聽他人的忠告或斥責，就像看不到自己的背一樣，我們多半很難發現自己的缺點。正因如此，唯有待他人指責時，才能意識到自己的惡習而努力去矯正。否則若一直不矯正壞的習慣，將會引起他人的不悅。

新人應該儘量拜託上司指導自己的缺點。由於前輩經驗豐富，必能提供自己許多建議。其實，一個人成不成功，都與其人的性格有關。具有令人厭惡的性格者，雖暫時能成功，長久之後必定會失敗。反之，性格艮好的人，雖剛開始不太順利，但日久必定能走向幸福之路。

性格是由他人觀察其本人的言行舉止所認定的。幸好，性格可依行動的改變而轉變。被認為消極的人，可一直持續積極地工作而受到好評。

當我還是新人時，被前輩們所指責的惡習之一即為聽他人說話時，習慣把頭垂下，或是在面對他人時，表情太嚴肅。「你有沒有想過你的表情會給別人什麼印象？你應該試著讓對方對你產生好感」。這句叱責，對於在軍人的家庭中長大的我衝擊很大。可是這讓我深深感受到，即使身為男性的我，也應該積極使他人對自己產生好感，有關這些前輩的忠告，至今我仍無法忘懷。

在二十幾年的上班族生活中，因接觸許多人而改變了我的性格，這完全基於獲得前輩的這句忠告。

作者介紹：

田中　真澄

一九三六年生於福岡縣大牟田。

一九五九年畢業於東京教育大學（現改稱筑波大學）。同年，服務於日本經濟新聞社。

一九六九年被調至日經 Mcgraw Hill 出版公司（現改稱日經ＢＰ）。擔任調查開發主任兼日經 Mcgraw Hill 販賣（現改稱日經ＢP販賣）董事營業經理。

一九七九年辭去日本經濟新聞社的工作。同年設立 Human Skill 研究所，擔任所長。目前為社會教育家，在演講及寫作方面相當活躍。

⑨性格測驗9	戀愛知多少	淺野八郎著	160元
⑩性格測驗10	由裝扮瞭解人心	淺野八郎著	160元
⑪性格測驗11	敲開內心玄機	淺野八郎著	140元
⑫性格測驗12	透視你的未來	淺野八郎著	160元
⑬血型與你的一生		淺野八郎著	160元
⑭趣味推理遊戲		淺野八郎著	160元
⑮行爲語言解析		淺野八郎著	160元

・婦 幼 天 地・電腦編號 16

①八萬人減肥成果	黃靜香譯	180元
②三分鐘減肥體操	楊鴻儒譯	150元
③窈窕淑女美髮秘訣	柯素娥譯	130元
④使妳更迷人	成　玉譯	130元
⑤女性的更年期	官舒妍編譯	160元
⑥胎內育兒法	李玉瓊編譯	150元
⑦早產兒袋鼠式護理	唐岱蘭譯	200元
⑧初次懷孕與生產	婦幼天地編譯組	180元
⑨初次育兒12個月	婦幼天地編譯組	180元
⑩斷乳食與幼兒食	婦幼天地編譯組	180元
⑪培養幼兒能力與性向	婦幼天地編譯組	180元
⑫培養幼兒創造力的玩具與遊戲	婦幼天地編譯組	180元
⑬幼兒的症狀與疾病	婦幼天地編譯組	180元
⑭腿部苗條健美法	婦幼天地編譯組	180元
⑮女性腰痛別忽視	婦幼天地編譯組	150元
⑯舒展身心體操術	李玉瓊編譯	130元
⑰三分鐘臉部體操	趙薇妮著	160元
⑱生動的笑容表情術	趙薇妮著	160元
⑲心曠神怡減肥法	川津祐介著	130元
⑳內衣使妳更美麗	陳玄茹譯	130元
㉑瑜伽美姿美容	黃靜香編著	180元
㉒高雅女性裝扮學	陳珮玲譯	180元
㉓蠶糞肌膚美顏法	坂梨秀子著	160元
㉔認識妳的身體	李玉瓊譯	160元
㉕產後恢復苗條體態	居理安・芙萊喬著	200元
㉖正確護髮美容法	山崎伊久江著	180元
㉗安琪拉美姿養生學	安琪拉蘭斯博瑞著	180元
㉘女體性醫學剖析	增田豐著	220元
㉙懷孕與生產剖析	岡部綾子著	180元
㉚斷奶後的健康育兒	東城百合子著	220元
㉛引出孩子幹勁的責罵藝術	多湖輝著	170元

㉜培養孩子獨立的藝術　多湖輝著　170元
㉝子宮肌瘤與卵巢囊腫　陳秀琳編著　180元
㉞下半身減肥法　納他夏・史達賓著　180元
㉟女性自然美容法　吳雅菁編著　180元
㊱再也不發胖　池園悅太郎著　170元
㊲生男生女控制術　中垣勝裕著　220元
㊳使妳的肌膚更亮麗　楊　皓編著　170元
㊴臉部輪廓變美　芝崎義夫著　180元
㊵斑點、皺紋自己治療　高須克彌著　180元
㊶面皰自己治療　伊藤雄康著　180元
㊷隨心所欲瘦身冥想法　原久子著　180元
㊸胎兒革命　鈴木丈織著　180元
㊹NS磁氣平衡法塑造窈窕奇蹟　古屋和江著　180元
㊺享瘦從腳開始　山田陽子著　180元
㊻小改變瘦４公斤　宮本裕子著　180元

・青 春 天 地・電腦編號 17

①A血型與星座　柯素娥編譯　160元
②B血型與星座　柯素娥編譯　160元
③O血型與星座　柯素娥編譯　160元
④AB血型與星座　柯素娥編譯　120元
⑤青春期性教室　呂貴嵐編譯　130元
⑥事半功倍讀書法　王毅希編譯　150元
⑦難解數學破題　宋釗宜編譯　130元
⑧速算解題技巧　宋釗宜編譯　130元
⑨小論文寫作秘訣　林顯茂編譯　120元
⑪中學生野外遊戲　熊谷康編著　120元
⑫恐怖極短篇　柯素娥編譯　130元
⑬恐怖夜話　小毛驢編譯　130元
⑭恐怖幽默短篇　小毛驢編譯　120元
⑮黑色幽默短篇　小毛驢編譯　120元
⑯靈異怪談　小毛驢編譯　130元
⑰錯覺遊戲　小毛驢編譯　130元
⑱整人遊戲　小毛驢編著　150元
⑲有趣的超常識　柯素娥編譯　130元
⑳哦！原來如此　林慶旺編譯　130元
㉑趣味競賽100種　劉名揚編譯　120元
㉒數學謎題入門　宋釗宜編譯　150元
㉓數學謎題解析　宋釗宜編譯　150元
㉔透視男女心理　林慶旺編譯　120元

㉕少女情懷的自白	李桂蘭編譯	120元
㉖由兄弟姊妹看命運	李玉瓊編譯	130元
㉗趣味的科學魔術	林慶旺編譯	150元
㉘趣味的心理實驗室	李燕玲編譯	150元
㉙愛與性心理測驗	小毛驢編譯	130元
㉚刑案推理解謎	小毛驢編譯	130元
㉛偵探常識推理	小毛驢編譯	130元
㉜偵探常識解謎	小毛驢編譯	130元
㉝偵探推理遊戲	小毛驢編譯	130元
㉞趣味的超魔術	廖玉山編著	150元
㉟趣味的珍奇發明	柯素娥編著	150元
㊱登山用具與技巧	陳瑞菊編著	150元

・健 康 天 地・電腦編號 18

①壓力的預防與治療	柯素娥編譯	130元
②超科學氣的魔力	柯素娥編譯	130元
③尿療法治病的神奇	中尾良一著	130元
④鐵證如山的尿療法奇蹟	廖玉山譯	120元
⑤一日斷食健康法	葉慈容編譯	150元
⑥胃部強健法	陳炳崑譯	120元
⑦癌症早期檢查法	廖松濤譯	160元
⑧老人痴呆症防止法	柯素娥編譯	130元
⑨松葉汁健康飲料	陳麗芬編譯	130元
⑩揉肚臍健康法	永井秋夫著	150元
⑪過勞死、猝死的預防	卓秀貞編譯	130元
⑫高血壓治療與飲食	藤山順豐著	150元
⑬老人看護指南	柯素娥編譯	150元
⑭美容外科淺談	楊啟宏著	150元
⑮美容外科新境界	楊啟宏著	150元
⑯鹽是天然的醫生	西英司郎著	140元
⑰年輕十歲不是夢	梁瑞麟譯	200元
⑱茶料理治百病	桑野和民著	180元
⑲綠茶治病寶典	桑野和民著	150元
⑳杜仲茶養顏減肥法	西田博著	150元
㉑蜂膠驚人療效	瀨長良三郎著	180元
㉒蜂膠治百病	瀨長良三郎著	180元
㉓醫藥與生活	鄭炳全著	180元
㉔鈣長生寶典	落合敏著	180元
㉕大蒜長生寶典	木下繁太郎著	160元
㉖居家自我健康檢查	石川恭三著	160元

㉗永恒的健康人生	李秀鈴譯	200元
㉘大豆卵磷脂長生寶典	劉雪卿譯	150元
㉙芳香療法	梁艾琳譯	160元
㉚醋長生寶典	柯素娥譯	180元
㉛從星座透視健康	席拉・吉蒂斯著	180元
㉜愉悅自在保健學	野本二士夫著	160元
㉝裸睡健康法	丸山淳士等著	160元
㉞糖尿病預防與治療	藤田順豐著	180元
㉟維他命長生寶典	菅原明子著	180元
㊱維他命C新效果	鐘文訓編	150元
㊲手、腳病理按摩	堤芳朗著	160元
㊳AIDS瞭解與預防	彼得塔歇爾著	180元
㊴甲殼質殼聚糖健康法	沈永嘉譯	160元
㊵神經痛預防與治療	木下眞男著	160元
㊶室內身體鍛鍊法	陳炳崑編著	160元
㊷吃出健康藥膳	劉大器編著	180元
㊸自我指壓術	蘇燕謀編著	160元
㊹紅蘿蔔汁斷食療法	李玉瓊編著	150元
㊺洗心術健康秘法	竺翠萍編譯	170元
㊻枇杷葉健康療法	柯素娥編譯	180元
㊼抗衰血癒	楊啟宏著	180元
㊽與癌搏鬥記	逸見政孝著	180元
㊾冬蟲夏草長生寶典	高橋義博著	170元
㊿痔瘡・大腸疾病先端療法	宮島伸宜著	180元
51膠布治癒頑固慢性病	加瀨建造著	180元
52芝麻神奇健康法	小林貞作著	170元
53香煙能防止癡呆？	高田明和著	180元
54穀菜食治癌療法	佐藤成志著	180元
55貼藥健康法	松原英多著	180元
56克服癌症調和道呼吸法	帶津良一著	180元
57Ｂ型肝炎預防與治療	野村喜重郎著	180元
58青春永駐養生導引術	早島正雄著	180元
59改變呼吸法創造健康	原久子著	180元
60荷爾蒙平衡養生秘訣	出村博著	180元
61水美肌健康法	井戶勝富著	170元
62認識食物掌握健康	廖梅珠編著	170元
63痛風劇痛消除法	鈴木吉彥著	180元
64酸莖菌驚人療效	上田明彥著	180元
65大豆卵磷脂治現代病	神津健一著	200元
66時辰療法——危險時刻凌晨4時	呂建強等著	180元
67自然治癒力提升法	帶津良一著	180元

⑱巧妙的氣保健法	藤平墨子著	180元
⑲治癒C型肝炎	熊田博光著	180元
⑳肝臟病預防與治療	劉名揚編著	180元
㉑腰痛平衡療法	荒井政信著	180元
㉒根治多汗症、狐臭	稻葉益巳著	220元
㉓40歲以後的骨質疏鬆症	沈永嘉譯	180元
㉔認識中藥	松下一成著	180元
㉕認識氣的科學	佐佐木茂美著	180元
㉖我戰勝了癌症	安田伸著	180元
㉗斑點是身心的危險信號	中野進著	180元
㉘艾波拉病毒大震撼	玉川重德著	180元
㉙重新還我黑髮	桑名隆一郎著	180元
㉚身體節律與健康	林博史著	180元
㉛生薑治萬病	石原結實著	180元
㉜靈芝治百病	陳瑞東著	180元
㉝木炭驚人的威力	大槻彰著	200元
㉞認識活性氧	井土貴司著	180元
㉟深海鮫治百病	廖玉山編著	180元
㊱神奇的蜂王乳	井上丹治著	180元

・實用女性學講座・電腦編號 19

①解讀女性內心世界	島田一男著	150元
②塑造成熟的女性	島田一男著	150元
③女性整體裝扮學	黃靜香編著	180元
④女性應對禮儀	黃靜香編著	180元
⑤女性婚前必修	小野十傳著	200元
⑥徹底瞭解女人	田口二州著	180元
⑦拆穿女性謊言88招	島田一男著	200元
⑧解讀女人心	島田一男著	200元
⑨俘獲女性絕招	志賀貢著	200元

・校 園 系 列・電腦編號 20

①讀書集中術	多湖輝著	150元
②應考的訣竅	多湖輝著	150元
③輕鬆讀書贏得聯考	多湖輝著	150元
④讀書記憶秘訣	多湖輝著	150元
⑤視力恢復！超速讀術	江錦雲譯	180元
⑥讀書36計	黃柏松編著	180元
⑦驚人的速讀術	鐘文訓編著	170元

⑧學生課業輔導良方	多湖輝著	180元
⑨超速讀超記憶法	廖松濤編著	180元
⑩速算解題技巧	宋釗宜編著	200元
⑪看圖學英文	陳炳崑編著	200元

• 實用心理學講座 • 電腦編號 21

①拆穿欺騙伎倆	多湖輝著	140元
②創造好構想	多湖輝著	140元
③面對面心理術	多湖輝著	160元
④偽裝心理術	多湖輝著	140元
⑤透視人性弱點	多湖輝著	140元
⑥自我表現術	多湖輝著	180元
⑦不可思議的人性心理	多湖輝著	180元
⑧催眠術入門	多湖輝著	150元
⑨責罵部屬的藝術	多湖輝著	150元
⑩精神力	多湖輝著	150元
⑪厚黑說服術	多湖輝著	150元
⑫集中力	多湖輝著	150元
⑬構想力	多湖輝著	150元
⑭深層心理術	多湖輝著	160元
⑮深層語言術	多湖輝著	160元
⑯深層說服術	多湖輝著	180元
⑰掌握潛在心理	多湖輝著	160元
⑱洞悉心理陷阱	多湖輝著	180元
⑲解讀金錢心理	多湖輝著	180元
⑳拆穿語言圈套	多湖輝著	180元
㉑語言的內心玄機	多湖輝著	180元
㉒積極力	多湖輝著	180元

• 超現實心理講座 • 電腦編號 22

①超意識覺醒法	詹蔚芬編譯	130元
②護摩秘法與人生	劉名揚編譯	130元
③秘法！超級仙術入門	陸　明譯	150元
④給地球人的訊息	柯素娥編著	150元
⑤密教的神通力	劉名揚編著	130元
⑥神秘奇妙的世界	平川陽一著	180元
⑦地球文明的超革命	吳秋嬌譯	200元
⑧力量石的秘密	吳秋嬌譯	180元
⑨超能力的靈異世界	馬小莉譯	200元

⑩逃離地球毀滅的命運	吳秋嬌譯	200元
⑪宇宙與地球終結之謎	南山宏著	200元
⑫驚世奇功揭秘	傅起鳳著	200元
⑬啟發身心潛力心象訓練法	栗田昌裕著	180元
⑭仙道術遁甲法	高藤聰一郎著	220元
⑮神通力的秘密	中岡俊哉著	180元
⑯仙人成仙術	高藤聰一郎著	200元
⑰仙道符咒氣功法	高藤聰一郎著	220元
⑱仙道風水術尋龍法	高藤聰一郎著	200元
⑲仙道奇蹟超幻像	高藤聰一郎著	200元
⑳仙道鍊金術房中法	高藤聰一郎著	200元
㉑奇蹟超醫療治癒難病	深野一幸著	220元
㉒揭開月球的神秘力量	超科學研究會	180元
㉓西藏密教奧義	高藤聰一郎著	250元
㉔改變你的夢術入門	高藤聰一郎著	250元

•養 生 保 健• 電腦編號 23

①醫療養生氣功	黃孝寬著	250元
②中國氣功圖譜	余功保著	230元
③少林醫療氣功精粹	井玉蘭著	250元
④龍形實用氣功	吳大才等著	220元
⑤魚戲增視強身氣功	宮　嬰著	220元
⑥嚴新氣功	前新培金著	250元
⑦道家玄牝氣功	張　章著	200元
⑧仙家秘傳袪病功	李遠國著	160元
⑨少林十大健身功	秦慶豐著	180元
⑩中國自控氣功	張明武著	250元
⑪醫療防癌氣功	黃孝寬著	250元
⑫醫療強身氣功	黃孝寬著	250元
⑬醫療點穴氣功	黃孝寬著	250元
⑭中國八卦如意功	趙維漢著	180元
⑮正宗馬禮堂養氣功	馬禮堂著	420元
⑯秘傳道家筋經內丹功	王慶餘著	280元
⑰三元開慧功	辛桂林著	250元
⑱防癌治癌新氣功	郭　林著	180元
⑲禪定與佛家氣功修煉	劉天君著	200元
⑳顛倒之術	梅自強著	360元
㉑簡明氣功辭典	吳家駿編	360元
㉒八卦三合功	張全亮著	230元
㉓朱砂掌健身養生功	楊　永著	250元

㉔抗老功	陳九鶴著	230元

・社會人智囊・電腦編號 24

①糾紛談判術	清水增三著	160元
②創造關鍵術	淺野八郎著	150元
③觀人術	淺野八郎著	180元
④應急詭辯術	廖英迪編著	160元
⑤天才家學習術	木原武一著	160元
⑥猫型狗式鑑人術	淺野八郎著	180元
⑦逆轉運掌握術	淺野八郎著	180元
⑧人際圓融術	澀谷昌三著	160元
⑨解讀人心術	淺野八郎著	180元
⑩與上司水乳交融術	秋元隆司著	180元
⑪男女心態定律	小田晉著	180元
⑫幽默說話術	林振輝編著	200元
⑬人能信賴幾分	淺野八郎著	180元
⑭我一定能成功	李玉瓊譯	180元
⑮獻給青年的嘉言	陳蒼杰譯	180元
⑯知人、知面、知其心	林振輝編著	180元
⑰塑造堅強的個性	坂上肇著	180元
⑱爲自己而活	佐藤綾子著	180元
⑲未來十年與愉快生活有約	船井幸雄著	180元
⑳超級銷售話術	杜秀卿譯	180元
㉑感性培育術	黃靜香編著	180元
㉒公司新鮮人的禮儀規範	蔡媛惠譯	180元
㉓傑出職員鍛鍊術	佐佐木正著	180元
㉔面談獲勝戰略	李芳黛譯	180元
㉕金玉良言撼人心	森純大著	180元
㉖男女幽默趣典	劉華亭編著	180元
㉗機智說話術	劉華亭編著	180元
㉘心理諮商室	柯素娥譯	180元
㉙如何在公司崢嶸頭角	佐佐木正著	180元
㉚機智應對術	李玉瓊編著	200元
㉛克服低潮良方	坂野雄二著	180元
㉜智慧型說話技巧	沈永嘉編著	180元
㉝記憶力、集中力增進術	廖松濤編著	180元
㉞女職員培育術	林慶旺編著	180元
㉟自我介紹與社交禮儀	柯素娥編著	180元
㊱積極生活創幸福	田中真澄著	180元
㊲妙點子超構想	多湖輝著	180元

・精 選 系 列・電腦編號 25

①毛澤東與鄧小平	渡邊利夫等著	280元
②中國大崩裂	江戶介雄著	180元
③台灣・亞洲奇蹟	上村幸治著	220元
④7-ELEVEN高盈收策略	國友隆一著	180元
⑤台灣獨立（新・中國日本戰爭一）	森　詠著	200元
⑥迷失中國的末路	江戶雄介著	220元
⑦2000年5月全世界毀滅	紫藤甲子男著	180元
⑧失去鄧小平的中國	小島朋之著	220元
⑨世界史爭議性異人傳	桐生操著	200元
⑩淨化心靈享人生	松濤弘道著	220元
⑪人生心情診斷	賴藤和寬著	220元
⑫中美大決戰	檜山良昭著	220元
⑬黃昏帝國美國	莊雯琳譯	220元
⑭兩岸衝突（新・中國日本戰爭二）	森　詠著	220元
⑮封鎖台灣（新・中國日本戰爭三）	森　詠著	220元
⑯中國分裂（新・中國日本戰爭四）	森　詠著	220元

・運 動 遊 戲・電腦編號 26

①雙人運動	李玉瓊譯	160元
②愉快的跳繩運動	廖玉山譯	180元
③運動會項目精選	王佑京譯	150元
④肋木運動	廖玉山譯	150元
⑤測力運動	王佑宗譯	150元

・休 閒 娛 樂・電腦編號 27

①海水魚飼養法	田中智浩著	300元
②金魚飼養法	曾雪玫譯	250元
③熱門海水魚	毛利匡明著	480元
④愛犬的教養與訓練	池田好雄著	250元
⑤狗教養與疾病	杉浦哲著	220元
⑥小動物養育技巧	三上昇著	300元

・銀髮族智慧學・電腦編號 28

①銀髮六十樂逍遙	多湖輝著	170元
②人生六十反年輕	多湖輝著	170元

③六十歲的決斷	多湖輝著	170元
④銀髮族健身指南	孫瑞台編著	250元

・飲 食 保 健・電腦編號 29

①自己製作健康茶	大海淳著	220元
②好吃、具藥效茶料理	德永睦子著	220元
③改善慢性病健康藥草茶	吳秋嬌譯	200元
④藥酒與健康果菜汁	成玉編著	250元
⑤家庭保健養生湯	馬汴梁編著	220元
⑥降低膽固醇的飲食	早川和志著	200元
⑦女性癌症的飲食	女子營養大學	280元
⑧痛風者的飲食	女子營養大學	280元
⑨貧血者的飲食	女子營養大學	280元
⑩高脂血症者的飲食	女子營養大學	280元

・家庭醫學保健・電腦編號 30

①女性醫學大全	雨森良彥著	380元
②初為人父育兒寶典	小瀧周曹著	220元
③性活力強健法	相建華著	220元
④30歲以上的懷孕與生產	李芳黛編著	220元
⑤舒適的女性更年期	野末悅子著	200元
⑥夫妻前戲的技巧	笠井寬司著	200元
⑦病理足穴按摩	金慧明著	220元
⑧爸爸的更年期	河野孝旺著	200元
⑨橡皮帶健康法	山田晶著	180元
⑩33天健美減肥	相建華等著	180元
⑪男性健美入門	孫玉祿編著	180元
⑫強化肝臟秘訣	主婦の友社編	200元
⑬了解藥物副作用	張果馨譯	200元
⑭女性醫學小百科	松山榮吉著	200元
⑮左轉健康法	龜田修等著	200元
⑯實用天然藥物	鄭炳全編著	260元
⑰神秘無痛平衡療法	林宗駛著	180元
⑱膝蓋健康法	張果馨譯	180元
⑲針灸治百病	葛書翰著	250元
⑳異位性皮膚炎治癒法	吳秋嬌譯	220元
㉑禿髮白髮預防與治療	陳炳崑編著	180元
㉒埃及皇宮菜健康法	飯森薰著	200元
㉓肝臟病安心治療	上野幸久著	220元

㉔耳穴治百病	陳抗美等著	250元
㉕高效果指壓法	五十嵐康彥著	200元
㉖瘦水、胖水	鈴木園子著	200元
㉗手針新療法	朱振華著	200元
㉘香港腳預防與治療	劉小惠譯	200元
㉙智慧飲食吃出健康	柯富陽編著	200元
㉚牙齒保健法	廖玉山編著	200元

・超經營新智慧・電腦編號 31

①躍動的國家越南	林雅倩譯	250元
②甦醒的小龍菲律賓	林雅倩譯	220元

・心 靈 雅 集・電腦編號 00

①禪言佛語看人生	松濤弘道著	180元
②禪密教的奧秘	葉逯謙譯	120元
③觀音大法力	田口日勝著	120元
④觀音法力的大功德	田口日勝著	120元
⑤達摩禪106智慧	劉華亭編譯	220元
⑥有趣的佛教研究	葉逯謙編譯	170元
⑦夢的開運法	蕭京凌譯	130元
⑧禪學智慧	柯素娥編譯	130元
⑨女性佛教入門	許俐萍譯	110元
⑩佛像小百科	心靈雅集編譯組	130元
⑪佛教小百科趣談	心靈雅集編譯組	120元
⑫佛教小百科漫談	心靈雅集編譯組	150元
⑬佛教知識小百科	心靈雅集編譯組	150元
⑭佛學名言智慧	松濤弘道著	220元
⑮釋迦名言智慧	松濤弘道著	220元
⑯活人禪	平田精耕著	120元
⑰坐禪入門	柯素娥編譯	150元
⑱現代禪悟	柯素娥編譯	130元
⑲道元禪師語錄	心靈雅集編譯組	130元
⑳佛學經典指南	心靈雅集編譯組	130元
㉑何謂「生」 阿含經	心靈雅集編譯組	150元
㉒一切皆空 般若心經	心靈雅集編譯組	150元
㉓超越迷惘 法句經	心靈雅集編譯組	180元
㉔開拓宇宙觀 華嚴經	心靈雅集編譯組	180元
㉕真實之道 法華經	心靈雅集編譯組	130元
㉖自由自在 涅槃經	心靈雅集編譯組	130元

㉗沈默的教示　維摩經	心靈雅集編譯組	150元
㉘開通心眼　佛語佛戒	心靈雅集編譯組	130元
㉙揭秘寶庫　密教經典	心靈雅集編譯組	180元
㉚坐禪與養生	廖松濤譯	110元
㉛釋尊十戒	柯素娥編譯	120元
㉜佛法與神通	劉欣如編著	120元
㉝悟（正法眼藏的世界）	柯素娥編譯	120元
㉞只管打坐	劉欣如編著	120元
㉟喬答摩・佛陀傳	劉欣如編著	120元
㊱唐玄奘留學記	劉欣如編著	120元
㊲佛教的人生觀	劉欣如編譯	110元
㊳無門關（上卷）	心靈雅集編譯組	150元
㊴無門關（下卷）	心靈雅集編譯組	150元
㊵業的思想	劉欣如編著	130元
㊶佛法難學嗎	劉欣如著	140元
㊷佛法實用嗎	劉欣如著	140元
㊸佛法殊勝嗎	劉欣如著	140元
㊹因果報應法則	李常傳編	180元
㊺佛教醫學的奧秘	劉欣如編著	150元
㊻紅塵絕唱	海　若著	130元
㊼佛教生活風情	洪丕謨、姜玉珍著	220元
㊽行住坐臥有佛法	劉欣如著	160元
㊾起心動念是佛法	劉欣如著	160元
㊿四字禪語	曹洞宗青年會	200元
(51)妙法蓮華經	劉欣如編著	160元
(52)根本佛教與大乘佛教	葉作森編	180元
(53)大乘佛經	定方晟著	180元
(54)須彌山與極樂世界	定方晟著	180元
(55)阿闍世的悟道	定方晟著	180元
(56)金剛經的生活智慧	劉欣如著	180元

・經　營　管　理・電腦編號 01

◎創新經營六十六大計（精）	蔡弘文編	780元
①如何獲取生意情報	蘇燕謀譯	110元
②經濟常識問答	蘇燕謀譯	130元
④台灣商戰風雲錄	陳中雄著	120元
⑤推銷大王秘錄	原一平著	180元
⑥新創意・賺大錢	王家成譯	90元
⑦工廠管理新手法	琪　輝著	120元
⑨經營參謀	柯順隆譯	120元

⑩美國實業24小時	柯順隆譯	80元
⑪撼動人心的推銷法	原一平著	150元
⑫高竿經營法	蔡弘文編	120元
⑬如何掌握顧客	柯順隆譯	150元
⑰一流的管理	蔡弘文編	150元
⑱外國人看中韓經濟	劉華亭譯	150元
⑳突破商場人際學	林振輝編著	90元
㉒如何使女人打開錢包	林振輝編著	100元
㉔小公司經營策略	王嘉誠著	160元
㉕成功的會議技巧	鐘文訓編譯	100元
㉖新時代老闆學	黃柏松編著	100元
㉗如何創造商場智囊團	林振輝編譯	150元
㉘十分鐘推銷術	林振輝編譯	180元
㉙五分鐘育才	黃柏松編譯	100元
㉝自我經濟學	廖松濤編譯	100元
㉞一流的經營	陶田生編著	120元
㉟女性職員管理術	王昭國編譯	120元
㊱ＩＢＭ的人事管理	鐘文訓編譯	150元
㊲現代電腦常識	王昭國編譯	150元
㊳電腦管理的危機	鐘文訓編譯	120元
㊴如何發揮廣告效果	王昭國編譯	150元
㊵最新管理技巧	王昭國編譯	150元
㊶一流推銷術	廖松濤編譯	150元
㊷包裝與促銷技巧	王昭國編譯	130元
㊸企業王國指揮塔	松下幸之助著	120元
㊹企業精銳兵團	松下幸之助著	120元
㊺企業人事管理	松下幸之助著	100元
㊻華僑經商致富術	廖松濤編譯	130元
㊼豐田式銷售技巧	廖松濤編譯	180元
㊽如何掌握銷售技巧	王昭國編著	130元
㊿洞燭機先的經營	鐘文訓編譯	150元
52新世紀的服務業	鐘文訓編譯	100元
53成功的領導者	廖松濤編譯	120元
54女推銷員成功術	李玉瓊編譯	130元
55ＩＢＭ人才培育術	鐘文訓編譯	100元
56企業人自我突破法	黃琪輝編著	150元
58財富開發術	蔡弘文編著	130元
59成功的店舖設計	鐘文訓編著	150元
61企管回春法	蔡弘文編著	130元
62小企業經營指南	鐘文訓編譯	100元
63商場致勝名言	鐘文訓編譯	150元

⑭迎接商業新時代	廖松濤編譯	100元
⑯新手股票投資入門	何朝乾 編	200元
⑰上揚股與下跌股	何朝乾編譯	180元
⑱股票速成學	何朝乾編譯	200元
⑲理財與股票投資策略	黃俊豪編著	180元
⑳黃金投資策略	黃俊豪編著	180元
㉑厚黑管理學	廖松濤編譯	180元
㉒股市致勝格言	呂梅莎編譯	180元
㉓透視西武集團	林谷燁編譯	150元
㉖巡迴行銷術	陳蒼杰譯	150元
㉗推銷的魔術	王嘉誠譯	120元
㉘60秒指導部屬	周蓮芬編譯	150元
㉙精銳女推銷員特訓	李玉瓊編譯	130元
㊵企劃、提案、報告圖表的技巧	鄭 汶 譯	180元
㊶海外不動產投資	許達守編譯	150元
㊷八百伴的世界策略	李玉瓊譯	150元
㊸服務業品質管理	吳宜芬譯	180元
㊹零庫存銷售	黃東謙編譯	150元
㊺三分鐘推銷管理	劉名揚編譯	150元
㊻推銷大王奮鬥史	原一平著	150元
㊼豐田汽車的生產管理	林谷燁編譯	150元

・成 功 寶 庫・電腦編號 02

①上班族交際術	江森滋著	100元
②拍馬屁訣竅	廖玉山編譯	110元
④聽話的藝術	歐陽輝編譯	110元
⑨求職轉業成功術	陳 義編著	110元
⑩上班族禮儀	廖玉山編著	120元
⑪接近心理學	李玉瓊編著	100元
⑫創造自信的新人生	廖松濤編著	120元
⑮神奇瞬間瞑想法	廖松濤編譯	100元
⑯人生成功之鑰	楊意苓編著	150元
⑲給企業人的諍言	鐘文訓編著	120元
⑳企業家自律訓練法	陳 義編譯	100元
㉑上班族妖怪學	廖松濤編著	100元
㉒猶太人縱橫世界的奇蹟	孟佑政編著	110元
㉕你是上班族中強者	嚴思圖編著	100元
㉚成功頓悟100則	蕭京凌編譯	130元
㉜知性幽默	李玉瓊編譯	130元
㉝熟記對方絕招	黃靜香編譯	100元

㊲察言觀色的技巧	劉華亭編著	180元
㊳一流領導力	施義彥編譯	120元
㊵30秒鐘推銷術	廖松濤編譯	150元
㊶猶太成功商法	周蓮芬編譯	120元
㊷尖端時代行銷策略	陳蒼杰編著	100元
㊸顧客管理學	廖松濤編著	100元
㊹如何使對方說Yes	程　義編著	150元
㊼上班族口才學	楊鴻儒譯	120元
㊽上班族新鮮人須知	程　義編著	120元
㊾如何左右逢源	程　義編著	130元
㊿語言的心理戰	多湖輝著	130元
55性惡企業管理學	陳蒼杰譯	130元
56自我啟發200招	楊鴻儒編著	150元
57做個傑出女職員	劉名揚編著	130元
58靈活的集團營運術	楊鴻儒編著	120元
60個案研究活用法	楊鴻儒編著	130元
61企業教育訓練遊戲	楊鴻儒編著	120元
62管理者的智慧	程　義編譯	130元
63做個佼佼管理者	馬筱莉編譯	130元
67活用禪學於企業	柯素娥編譯	130元
69幽默詭辯術	廖玉山編譯	150元
70拿破崙智慧箴言	柯素娥編譯	130元
71自我培育・超越	蕭京凌編譯	150元
74時間即一切	沈永嘉編譯	130元
75自我脫胎換骨	柯素娥譯	150元
76贏在起跑點—人才培育鐵則	楊鴻儒編譯	150元
77做一枚活棋	李玉瓊編譯	130元
78面試成功戰略	柯素娥編譯	130元
81瞬間攻破心防法	廖玉山編譯	120元
82改變一生的名言	李玉瓊編譯	130元
83性格性向創前程	楊鴻儒編譯	130元
84訪問行銷新竅門	廖玉山編譯	150元
85無所不達的推銷話術	李玉瓊編譯	150元

・處 世 智 慧・電腦編號 03

①如何改變你自己	陸明編譯	120元
⑥靈感成功術	譚繼山編譯	80元
⑧扭轉一生的五分鐘	黃柏松編譯	100元
⑩現代人的詭計	林振輝譯	100元
⑫如何利用你的時間	蘇遠謀譯	80元

⑬口才必勝術	黃柏松編譯	120元
⑭女性的智慧	譚繼山編譯	90元
⑯人生的體驗	陸明編譯	80元
⑱幽默吹牛術	金子登著	90元
⑲攻心說服術	多湖輝著	100元
⑳當機立斷	陸明編譯	70元
㉒如何交朋友	安紀芳編著	70元
㉔慧心良言	亦　奇著	80元
㉕名家慧語	蔡逸鴻主編	90元
㉘如何發揮你的潛能	陸明編譯	90元
㉙女人身態語言學	李常傳譯	130元
㉚摸透女人心	張文志譯	90元
㉜給女人的悄悄話	妮倩編譯	90元
㉞如何開拓快樂人生	陸明編譯	90元
㊱成功的捷徑	鐘文訓譯	70元
㊲幽默逗笑術	林振輝著	120元
㊳活用血型讀書法	陳炳崑譯	80元
㊴心　燈	葉于模著	100元
㊵當心受騙	林顯茂譯	90元
㊶心・體・命運	蘇燕謀譯	70元
㊷如何使頭腦更敏銳	陸明編譯	70元
㊸宮本武藏五輪書金言錄	宮本武藏著	100元
㊼成熟的愛	林振輝譯	120元
㊽現代女性駕馭術	蔡德華著	90元
㊾禁忌遊戲	酒井潔著	90元
52摸透男人心	劉華亭編譯	80元
53如何達成願望	謝世輝著	90元
54創造奇蹟的「想念法」	謝世輝著	90元
55創造成功奇蹟	謝世輝著	90元
57幻想與成功	廖松濤譯	80元
58反派角色的啟示	廖松濤編譯	70元
59現代女性須知	劉華亭編著	75元
62如何突破內向	姜倩怡編譯	110元
64讀心術入門	王家成編譯	100元
65如何解除內心壓力	林美羽編著	110元
66取信於人的技巧	多湖輝著	110元
68自我能力的開拓	卓一凡編著	110元
70縱橫交涉術	嚴思圖編著	90元
71如何培養妳的魅力	劉文珊編著	90元
72魅力的力量	姜倩怡編著	90元
75個性膽怯者的成功術	廖松濤編譯	100元

㉚萬病回春百科	吳通華著	150元
㉛初次懷孕的10個月	成玉編譯	130元
㉜中國秘傳氣功治百病	陳炳崑編譯	130元
㉟仙人長生不老學	陸明編譯	100元
㊱釋迦秘傳米粒刺激法	鐘文訓譯	120元
㊲痔・治療與預防	陸明編譯	130元
㊳自我防身絕技	陳炳崑編譯	120元
㊴運動不足時疲勞消除法	廖松濤譯	110元
㊵三溫暖健康法	鐘文訓編譯	90元
㊸維他命與健康	鐘文訓譯	150元
㊺森林浴—綠的健康法	劉華亭編譯	80元
㊼導引術入門(4)酒浴健康法	成玉主編	90元
㊽導引術入門(5)不老回春法	成玉主編	90元
㊾山白竹（劍竹）健康法	鐘文訓譯	90元
㊿解救你的心臟	鐘文訓編譯	100元
52超人氣功法	陸明編譯	110元
54借力的奇蹟(1)	力拔山著	100元
55借力的奇蹟(2)	力拔山著	100元
56五分鐘小睡健康法	呂添發撰	120元
57禿髮、白髮預防與治療	陳炳崑撰	120元
59艾草健康法	張汝明編譯	90元
60一分鐘健康診斷	蕭京凌編譯	90元
61念術入門	黃靜香編譯	90元
62念術健康法	黃靜香編譯	90元
63健身回春法	梁惠珠編譯	100元
64姿勢養生法	黃秀娟編譯	90元
65仙人瞑想法	鐘文訓譯	120元
66人蔘的神效	林慶旺譯	100元
67奇穴治百病	吳通華著	120元
68中國傳統健康法	靳海東著	100元
71酵素健康法	楊　皓編譯	120元
73腰痛預防與治療	五味雅吉著	130元
74如何預防心臟病・腦中風	譚定長等著	100元
75少女的生理秘密	蕭京凌譯	120元
76頭部按摩與針灸	楊鴻儒譯	100元
77雙極療術入門	林聖道著	100元
78氣功自療法	梁景蓮著	120元
79大蒜健康法	李玉瓊編譯	100元
81健胸美容秘訣	黃靜香譯	120元
82鍺奇蹟療效	林宏儒譯	120元
83三分鐘健身運動	廖玉山譯	120元

國家圖書館出版品預行編目資料

積極生活創幸福／田中真澄著；陳蒼杰譯
——初版——臺北市，大展，民87
187面；21公分——（社會人智囊；36）
譯自：積極的に生きる
ISBN 957-557-791-4（平裝）

1. 修身　2. 成功法

192.1　　86016294

積極生活創幸福

ISBN 957-557-791-4

原著者／田中真澄
編譯者／陳蒼杰
發行人／蔡森明
出版者／大展出版社有限公司
社　址／台北市北投區（石牌）致遠一路二段12巷1號
電　話／(02) 28236031・28236033
傳　眞／(02) 28272069
郵政劃撥／0166955－1
登記證／局版臺業字第2171號
承印者／高星企業有限公司
裝　訂／日新裝訂所
排版者／千兵企業有限公司
電　話／(02) 28812643
初版1刷／1998年（民87年）2月

定　價／180元

大展好書 好書大展